麹料理研究家
阿部かなこ

からだにやさしい麹こんだて

Healthy Menus with hand made Kouji

大和書房

はじめに

きょうの麹ごはんは何にしましょう

「こんだて」と聞くと何品も作らなくてはいけないとか、手間がかかりそうに思えるでしょうか。

麹という、ごはんを簡単においしくしてくれる強い味方がついてから、わが家の食卓にはささっと数品が並ぶようになりました。

麹が「おいしい素」を持っているので、スーパーで手に入るおなじみの材料と作り方でも何時間も煮込んだような味わいのあるスープができたり、ふんわりジューシーな肉や魚を焼けたりします。

この本では、日々のごはん作りで「きょうのごはんはどうしよう」と悩まないよう、メインとつけ合わせ、旬の野菜の組み合わせなどをバランスよく考えました。麹調味料でいくつも味つけができます。

私たちのからだをつくるのは、私たちが口にするもの。

だからこそ、心に負担をかけることなく、そのときの状況や気分、体調を大切にして今日の一品を選んでもらいたいです。

「おつかれさまの麹こんだて」

くたくたなときこそ食べて癒されて、明日の力になる、元気が湧いてくる。

「ほったらかしの麹こんだて」

料理だけでなく、仕事や家事などいろいろとすることがあるときでもほったらかし調理の間にできちゃう。

「ささっとできる麹こんだて」

忙しいとき、おなかが空いてすぐ食べたいときに、あるもので作れる。

「ホッとする麹こんだて」

イライラするとき、気持ちをしずめたいときにホッと癒されるメニュー。

「元気になる麹こんだて」

気持ちが上がる、わくわくするようなレシピ。友人が遊びにきたときのちょっとしたおもてなしにも。

「太らない麹こんだて」

夜遅くのごはんや胃腸を休めたいとき、からだをしぼりたいとき。

「体の内側からきれいになる麹こんだて」

栄養のある食材を豊富に、余すことなく使ったメニュー。

こんだての中から、好きなものを組み合わせて作るのもおすすめです。自分が思った感覚を大切に自由に作ってください。

作って食べ終わったら、「おいしい！　簡単！　また作ろう」と思っていただけたら嬉しいです。

阿部かなこ

CONTENTS

麹レシピについて

計量
大さじ1=15ml、小さじ1=5ml、1カップ=200ml、1合=180ml

加熱
火加減は、レシピに特に記載がない場合は中火で調理してください。

電子レンジの加熱
電子レンジの加熱時間は、600Wを基準にしています。500Wでは加熱時間を1.2倍にしてください。
また機種によって加熱具合が異なるので、加減してください。私は普段、野菜などを加熱するときは、フライパンや鍋で蒸し煮にしています。

調理時間
調理時間、保存期間は目安です。下ごしらえや漬け込み時間に半日以上かかるものは、調理時間に含めていません。
季節や環境、室温、湿度などの条件によって保存期間に差が出ることもあります。

炊飯
炊き込みご飯などは、炊飯器を使った手順を紹介していますが、土鍋などを使うときは、次のように炊いています。

1. 土鍋を強火にかけ、ふたをして、沸騰したら弱火して12分加熱する。
2. 2～3分蒸らす。

麹調味料
材料の麹調味料を一般の調味料に置き換える場合は、次の分量を目安にしてください。

- 塩麹……………塩を1/4倍量に
- しょうゆ麹……しょうゆを1/2倍量に
- たまねぎ麹……コンソメを1/4倍量に
- にんにく麹……「にんにくチューブ」と同量に
- 甘麹……………砂糖を1/2倍量に

基本調味料の「さ・し・す・せ・そ」
麹調味料を使っていると、たくさんの調味料をそろえる必要はありませんが、基本の調味料にはこだわっています。

砂糖
オリゴ糖が含まれているてんさい糖を使っています。
※ホクレン「てんさい糖」

塩
からだの基本機能を維持するのに必要な塩は、精製塩ではなく天然塩、伊豆大島の海水を使用した海塩を使っています。
※海の精「海の精 あらしお」

酢
どんな料理にも使用できる米酢を愛用。米と米麹のみで昔ながらの製法にこだわり、醸造したお酢です。
※内堀醸造「特選本造り米酢」

しょうゆ
クセがなく何にでも合う味のしょうゆを使います。国産大豆、国産小麦、天日塩を使用、天然醸造です。
※丸秀醤油「自然一醤油」

味噌
味噌は米麹を使った米味噌を手作りしていますが、市販の味噌を買うときは、アミノ酸、「◯◯エキス」などが入っていないものを選んで使っています。原料を厳選して無添加で仕上げられた自然の風味豊かなコクのあるお味噌はとってもおいしいです。
※丸秀醤油「手作り味噌」

材料について
野菜や果物は、特に記載がない場合、洗う、皮をむく、種やワタをとるなどの下処理を済ませていることを前提に説明しています。

PART

1

いいことが
いっぱいの「麹」

麹の力

麹を使いこなす
基本の麹調味料5

塩麹／しょうゆ麹／たまねぎ麹
にんにく麹／甘麹／麹How To／麹Q&A

麹の力

日頃私たちが口にしているしょうゆ、味噌、酒、酢、漬けものは、すべて麹を使って発酵させたものです。麹とは、蒸した米や麦、大豆に「種麹(たねこうじ)」をふりかけて「麹菌」(麹カビ)を繁殖させたもの。米にふりかければ米麹、麦なら麦麹、豆なら豆麹ができます。この麹菌が繁殖する際に生み出す酵素が、食べ物の細胞に入り込んで細かく成分を分解することで、食べ物をやわらかくしたり、消化吸収をしやすくします。

麹でいいことづくし

保存がきく

塩麹など調味料には酵素と塩分が含まれるので、食品の保存性が高まります。生の肉や魚を麹調味料に漬けておくだけで、保存期間が長くなります。

料理の味が決まる

麹が食材そのものの旨みや甘みを引き出してくれるので、たくさんの調味料を使わなくても味が決まります。

勝手においしくなる

保存性が高くなると熟成も進み、材料に含まれる酵素で風味が上がります。また、麹菌の酵素がでんぷんをブドウ糖に、たんぱく質をアミノ酸に分解することで、甘みや旨みが増します。

腸と肌にいい

麹は食べ物をより消化吸収しやすい状態に変えてくれるので、食べるだけで悪玉菌が減り、腸内環境がよくなります。そして腸がいいと、便通、免疫機能、生活習慣病予防にも効果的とされています。また、麹菌には、抗酸化物質や美白効果を期待されるコウジ酸が含まれています。ビタミン代謝も促して、美肌づくりを助けてくれます。

麹を使いこなす

基本の麹調味料5

基本の材料

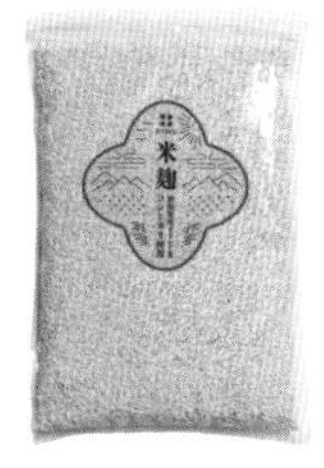

● 米麹

米麹、玄米麹があります。米麹は甘みがあってクセがなく、スーパーやネット通販でも入手しやすいです。

● 乾燥麹

水分量が少ないので、長期保存できます。板状のものと粒状のものがあります。板状の乾燥麹は、パラパラとほぐしてから使います。

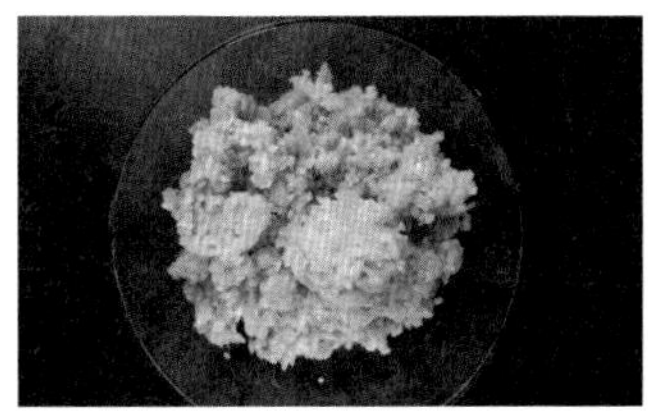

● 生麹

水分量が多いので、日持ちが短いです。冷蔵庫や冷凍庫で保存します。

準備するもの

● 保存瓶

耐熱性のガラス瓶。洗いやすいものや手持ちのヨーグルトメーカーに入るサイズが便利。ジッパーがついた密封保存袋でも作れます。

※本書で使用した保存瓶
ダイソー「レバー式ガラスポット」(約498ml)

● 大きめのスプーン

麹調味料をときどきかきまぜます。瓶の底まで届く大きめのものを選んで。スプーンは、毎回消毒しなくてOKです。

保存瓶は消毒して清潔なものを使いましょう

● 煮沸

鍋に瓶が浸かるくらいの水を入れて、瓶を沈めて火にかけ、沸騰後5~6分煮る。布巾の上において自然乾燥。

● アルコール消毒

洗った容器の内側にアルコールスプレーを1~2回プッシュし、自然乾燥する。または清潔な布巾で拭き取る。
アルコール分は70~80%のものが効果的。

※除菌用アルコールスプレー
「パストリーゼ」

和えもの、炒めもの、
煮もの、揚げものまで
オールマイティ

塩麹

麹と塩と水をまぜて発酵させるだけ。
1日1回かきまぜて、
粒がやわらかくなったらできあがり。

● 材料（作りやすい分量）

米麹（乾燥）……100g
水（はじめの量）……150ml
塩……35g
※生麹で作るときも同分量

◎塩は精製されていない自然塩、特に海塩がおすすめです。
◎アルカリ水は発酵がうまく進まないこともあるので、水道の浄水、ミネラルウォーターがおすすめです。
◎塩は減らさないでください。塩分濃度が10%を下回ると腐敗しやすくなります。

● 作り方

1. ボウルに麹を入れ、かたまっていたら手でほぐす。塩を入れてよくまぜ合わせる。

2. 1に水を加え、まぜ合わせる。腐敗を防ぐために、底からすくうようにしっかりまぜ合わせる。

3. 保存容器に移して、常温で発酵させる。気温によるが、ほぼ1～2週間で完成する。

※夏場は4～5日、春秋は5～7日、冬場は7～10日を目安にしてください。
◎発酵中は1日1回、清潔なスプーンで全体をかきまぜます（空気に触れている部分には雑菌が繁殖しやすいため）。
◎麹が浸かるくらいに10～20mlずつ水を足します（麹が水を吸ってしまうため）。
◎麹がやわらかくなったら冷蔵庫で保存、3か月以内に食べ切ります。

できあがりのポイント

- 水にとろみがついている
- 見た目、米粒に芯がない
- なめてみて、塩けがまろやか

使うときのpoint

● 塩の代わりに

素材の旨みを引き出してくれるので、塩麹だけで味つけが完成します。そのほか、漬ける、和える、出汁にするなど和・洋・中、どの料理にも使えます。

● 麹菌の酵素が味に深みをもたらしてくれる

麹菌が繁殖すると、酵素が発生します。この酵素は、料理をおいしくする働きを持っています。でんぷんをブドウ糖に分解するアミラーゼは、食材の甘みを引き出します。たんぱく質をアミノ酸に分解するプロテアーゼは、食材の旨みを引き出します。脂質を脂肪酸などに分解するリパーゼは脂っこさを抑える働きがあります。これらの酵素が働くことで、食材の味に深みをもたらしてくれます。

● ボリュームメニューも簡単に作れる

麹はからだにやさしいけど、ものたりない味になるのでは？　と思う方もいらっしゃるかもしれませんが、麹は酵素の力で、食材から旨みを引き出してくれるので、濃いめの味でも子ども向けのやさしい味も自在に作ることができます。
ほかの調味料と組み合わせることでも、いろいろな味ができますよ。

しょうゆと麹のW発酵。
スーパー発酵食品

しょうゆ麹

W発酵で旨み成分であるグルタミン酸が、
塩麹の10倍以上になります。
しょうゆと同じように卵かけごはんにたらしたり、
納豆と和えていただきます。
発酵中は絶えず、しょうゆを足すことがコツです。

● 材料（作りやすい分量）

米麹（乾燥）……………100g
しょうゆ（はじめの量）………150ml
※生麹で作るときは、しょうゆは120mlにする。

◎しょうゆは甘味料などが入っていない、小麦、大豆、食塩、米だけで作ったものがおすすめです。
◎ヨーグルトメーカーで作る場合、水分を吸いやすいので、適宜しょうゆを足してください。2～3時間ごとにかきまぜると、旨み、甘みがアップします。

● 作り方

1. ボウルに麹を入れ、かたまっていたら手でほぐす。しょうゆを入れてよくまぜ合わせる。

2. 腐敗しにくくなるように、しっかりまぜる。

3. 保存容器に移して、常温で発酵させる。気温によるが、ほぼ4～10日で完成する。

※夏場は4～5日、春秋は5～7日、冬場は7～10日を目安にしてください。
◎発酵中は1日1回、清潔なスプーンで全体をかきまぜます（空気に触れている部分には雑菌が繁殖しやすいため）。
◎麹が浸かるくらいに50mlぐらいずつしょうゆを足します（麹が水を吸ってしまうため）。
　麹がやわらかくなったら冷蔵庫で保存、3か月以内に食べ切ります。

できあがりのポイント

- しょうゆにややとろみがつく
- 見た目、米粒に芯がない
- なめてみて、しょうゆの味がまろやか

料理に使いやすいので、ペースト状にして作りました。

米粒の芯が残りやすいとき

乾燥麹を生麹にもどす

しょうゆ麹は水分を吸収しやすく、さらに寒い時期の常温発酵だと芯も残りやすいので、乾燥麹を一度生麹にもどす方法がおすすめです。

1. 麹の半量の60℃以下のぬるま湯を入れ、1～2時間ラップをかけて表面が乾燥しないようにしておく。
2. ときどきまぜて、全体に水分が行き届くようにする。

※100gの乾燥麹を生麹にもどした際は、生麹100g分として麹調味料作りをします。

使うときのpoint

● 減塩効果

一般的なしょうゆの塩分量は15%前後です。しょうゆ麹の半分は麹なので、塩分量は8%。旨みも上がります。

● 美肌効果

しょうゆ麹には、美肌になる成分がたくさん含まれています。
麹菌…シミの原因になるメラニンをできにくくする
ビタミンB_2…皮脂を抑える
ビタミンB_6…肌荒れやくすみ、ハリの衰えを改善
イノシトール…皮脂量をコントロールする

たまねぎ麹だけで
味つけ完了

たまねぎ麹

濃厚な風味で素材の味を生かしてくれる調味料。
旨みとコクが深いので、ドレッシングやスープ、
クリーム煮など、万能に使えます。
塩麹と同じくらい、もしかしたらそれ以上に
出番が多いかもしれません。

● 材料（作りやすい分量）

米麹（乾燥）……100g
たまねぎ……300g
塩……35g
※生麹で作るときも同分量

● 作り方

1. ボウルに麹を入れ、かたまっていたら手でほぐす。塩を入れてよくまぜ合わせる。

2. たまねぎを乱切りにする。フードプロセッサーに入れて撹拌し、ペースト状にする。
※フードプロセッサーがない場合は、すりおろします。

3. 1に2を入れてまぜ合わせる。腐敗しにくくなるように、しっかりまぜる。
※2ですべての材料をフードプロセッサーに入れてまぜてもOKです。

4. 消毒した保存容器に移して、常温で発酵させる。気温によるが、ほぼ4～10日で完成する。
※夏場は4～5日、春秋は5～7日、冬場は7～10日を目安にしてください。
◎発酵は1日1回、清潔なスプーンで全体をかきまぜます（空気に触れている部分には雑菌が繁殖しやすいため）。
◎麹がやわらかくなったら冷蔵庫で保存、3か月以内に食べ切ります。

できあがりのポイント

- 茶色っぽい、ピンク、ベージュ色に変化している
- 見た目、米粒の芯がない
- ツンとする辛い香りから甘い香りに変化している

使うときのpoint

- コンソメ代わりに

スープやドレッシング、洋食の出汁としてコンソメ代わりに使えます。クリーム煮の味つけや、グラタンやひき肉料理にも便利です。

- たまねぎのいいところをそのまま食べられる

たまねぎの栄養成分は、食物繊維、カリウム、オリゴ糖、抗酸化作用のあるケルセチンなどがあります。これらには血液をサラサラにしたり、高血圧予防、腸内環境を整える作用があります。

- 代謝アップ！　免疫力アップ！

たまねぎに含まれている辛み成分である硫化アリルは、血行をよくして体温を上げる作用があるので、余分な脂肪が燃焼しやすくなります。また、硫化アリルの一種、アリシンも含まれていて、こちらは免疫力アップや疲労回復効果があります。

いつもの料理が
格段においしくなる

にんにく麹

栄養豊富なにんにくを麹と合わせて、
さらにパワーアップ。香りや辛みがまろやかで、
料理に深い旨みを与えてくれます。

● 材料（作りやすい分量）

米麹（乾燥）……100g
にんにく……1株（40g）
塩……10g
水……100g

※生麹で作るときも同分量
※にんにくの芽は毒性がないので、そのまま使えます。

● 作り方

1. ボウルに麹を入れ、かたまっていたら手でほぐす。しょうゆを入れてよくまぜ合わせる。

2. にんにくの皮をむき、1とフードプロセッサーに入れて撹拌してペースト状にする。

※フードプロセッサーがない場合は、にんにくはすりおろします。

3. 1に2と水を入れてさらに撹拌する。腐敗しにくくなるように、しっかりまぜる。

※2ですべての材料をフードプロセッサーに入れてまぜてもOKです。

4. 消毒した保存容器に移して、常温で発酵させる。気温によるが、ほぼ4～10日で完成する。

※夏場は4～5日、春秋は5～7日、冬場は7～10日を目安にしてください。

◎発酵中は1日1回、清潔なスプーンで全体をかきまぜます（空気に触れている部分には雑菌が繁殖しやすいため）。

◎麹がやわらかくなったら冷蔵庫で保存、3か月以内に食べ切ります。

できあがりのポイント

- 緑色に変化する（酸素と触れ合うため）
- にんにくの刺激的な香りが少しマイルドになる

使うときのpoint

- 「にんにくチューブ」の代わりに

香りづけや臭み消しのほか、炒め物やスープ、漬けものなどにも使えます。「にんにくチューブ」のように使えるよう、塩の量を少なめにしています。

- にんにくのいいところをそのまま食べられる

にんにくはスタミナ食としてもおなじみの食材ですが、なかでもビタミンB_1の吸収を高める働きがあり、疲労回復や滋養強壮などをサポートしてくれます。ビタミンB_1は麹菌に豊富な栄養素なので、にんにく麹として摂れば、とても効率的です。

- 代謝アップ！　免疫力アップ！

たまねぎと同じく、にんにくの辛み成分である硫化アリルは、血行をよくして体温を上げる作用があるので、余分な脂肪が燃焼しやすくなります。また、硫化アリルの一種、アリシンも含まれていて、こちらは免疫力アップや疲労回復効果があります。

まろやかでやさしい甘さ。
砂糖の代わりに

甘麹

水分がほどよく、甘みもしっかり感じられる、
料理に使いやすい麹調味料です。
甘麹をお湯や水で薄めれば甘酒になります。

● 材料（作りやすい分量）

米麹（乾燥）…………100g
水………………………120ml
※生麹で作るときも同分量

● 作り方

1. ボウルに麹を入れ、かたまっていたら手でほぐす。水を入れてよくまぜ合わせる。

2. ヨーグルトメーカーや炊飯器、魔法瓶に入れ、60℃で８時間保温する。2～ 3時間ごとに水分量を確認し、だんごのようにかたまっていたら水を少しずつ足してまぜる。
炊飯器は温度が上がりすぎないようにふたを開けて、布巾を内釜の上にふんわりかけておく。

※甘麹は常温での発酵はできません。
※温度管理
麹のでんぷんを糖に分解するためには、アミラーゼを活性化させることが必要。アミラーゼは、40～60℃でよく働きます。20～40℃だと、乳酸発酵が進んで酸みが出やすく、ヨーグルトのような仕上がりになります。高温になりすぎると、酵素の力が発揮されなくなります。

3. 保存容器に移して、完成させする。
◎冷蔵庫で保存、2週間以内に食べ切ります。

できあがりのポイント

- 見た目、米粒の芯がなくとろみがある
- 甘い香りがする

使うときのpoint

- そのままで

料理にも使いますが、水やお湯で薄めれば甘酒になります。ビタミン群がたくさん含まれているので、肌の調子を整える効果も期待できます。

- 砂糖の代わりに

麹菌が発酵する過程で作られる酵素の働きででんぷんが分解され、ブドウ糖になることで甘みが出ます。アミノ酸が豊富なので、まろやかですっきりとした甘さです。砂糖の甘みに慣れている方は、甘麹の分量を2倍にして使ってください。

- 腸内環境を整える

甘麹には、オリゴ糖、食物繊維が多く含まれていて、腸内で善玉菌の餌となり、腸内環境を整えてくれます。そのほか、抑うつの改善、免疫力アップなどが期待できます。

早く作りたいとき

麹How To

常温発酵は時間がかかりますが、その日のうちに麹調味料を作りたいときは、
私は、オーブンやヨーグルトメーカーを使って作っています。

●ヨーグルトメーカー

1. 麹調味料を仕込んだ容器をヨーグルトメーカーに入れて、60℃、6～8時間に、タイマーをセットする。
2. よくまぜ、冷めたら密閉容器に移し冷蔵庫で保存する。

●炊飯器

1. 麹調味料の材料を炊飯器に入れ、よくまぜる。
2. 内釜に布巾をかけてふたを開けたまま保温ボタンを押す。途中で2～3回かきまぜ、6～8時間保温する。
3. 内釜を取り出して麹調味料をよくまぜ、冷めたら密閉容器に移して冷蔵庫で保存する。

各麹調味料を入れたジッパーつきの密封保存袋を内釜に入れて、60℃以下のお湯を注ぎ、炊飯器のふたは開けて保温をすると、複数の種類の麹調味料が一気にできます。

●オーブンレンジ

1. 麹調味料の材料を耐熱容器に入れ、よくまぜる。ふたをしてオーブンレンジに入れる。
2. オーブンメニューの「発酵コース」などを選び、60℃で6～8時間加熱する。
3. 終了後、麹調味料をよくまぜ、冷めたら密閉容器に移して冷蔵庫で保存する。

麹の使い方、調理で困ったら

麹Q&A

Q. 麹は加熱すると菌が死んでしまいますよね。栄養効果はあるのでしょうか。

A. 麹菌が善玉菌として活躍してくれます

菌が生きている＝増殖する、分泌する能力がある状態です。たしかに麹菌は70℃近くになると、その能力を失ってしまいます。ですが、熱を加えないで生のまま食べたとしても胃酸で溶けてしまいます。しかし、麹には100種類超の酵素が含まれていて、死んだ麹菌は、腸内の善玉菌を増やす餌となります。

Q. 麹調味料を作っている途中ですが、水分が足りないような気がします。

A. 調味料によって水分を調節

使用する麹によっても水分の吸収率が異なります。ただ、一般的に生麹よりも乾燥麹のほうが水分を吸収します。水分を吸収しやすい麹調味料は一度、乾燥麹を生麹に戻して使うことをおすすめしています。私は、しょうゆ麹を作るときは一度戻しています（→14ページ）。そのほかは、さほど水分吸収が気にならないので、そのまま使っています。
塩麹は水に浸からずむき出しになっている場合のみ、「麹が浸かるくらい」の水を足します。水分が多すぎると、塩分濃度が下がって腐敗しやすくなるので、水を足すのを迷う場合は、そのまま様子を見てください。

Q. ミキサーなどでペースト状にしても、栄養効果は変わりませんか？

A. 栄養は同じです

粒々でもペースト状でも、効果は同じです。ミキサーやブレンダーにかけると、口当たりがなめらかになったり、肉や魚にぬりやすいというメリットもあります。ちなみにミキサーやブレンダーにかけるタイミングは、発酵前、材料をまぜ合わせるときです。機器は、使う前に消毒を。

Q. 麹の見た目がおかしいです。

A. 発酵の状態を確認しましょう

◎泡がぶくぶく出る
→発酵のサインなので、そのままで大丈夫です。

◎色が白くない
→使用する麹によって色は異なるので、心配ありません。

◎麹と水が２層に分かれている
→スプーンでまぜます。米麹の分解が進んで、水分量が増えていくと麹が沈殿していくために、2層になります。

◎米粒の芯がかたいまま
→発酵が進んでいないので、50℃前後のお湯を鍋に入れ、保存瓶ごと２～３時間温めてください。

Q. ふだん塩分を控えています。塩麹の塩の量を減らしてもいいですか?

A. 塩の量は減らさないほうがおすすめ

塩分濃度が低いと腐りやすくなるので、塩の量を減らすのはおすすめしません。塩分を控えたい場合は、料理に使用する塩麹の量を減らしてください。
塩麹100gあたりに含まれる塩分は、約13gです。塩と塩麹の小さじ1杯を比較すると、塩が約5gに対して、塩麹の塩分は約1g。さらに塩麹は、酵素の力のおかげで、塩よりも少量で素材の旨みや甘みを感じられます。塩麹を作るときの塩は精製塩より、ミネラル豊富な海塩がおすすめです。

Q. 常温で作るのとオーブンやヨーグルトメーカーで作るのとでは、仕上がりは違いますか?

A. 温度によって、旨みやなめらかさが変わります

発酵温度が異なると、活発に働く酵素も異なります。高温では、甘みを引き出す酵素アミラーゼがよく働き、比較的低温だと、旨みを引き出す酵素プロテアーゼがよく働きます。それに応じて、甘みが強くなったり、旨みが強くなったりと味に変化があります。また粒の形も、ヨーグルトメーカーだとやわらかくふっくらした粒感になりますが、常温発酵だと、やわらかいけれど粒がくずれた状態になります。

Q. 麹が使えなくなるタイミングはありますか。

A. 臭いやカビに注意してください

ツンとしたアルコール臭がする:過発酵しています。
カラフルなカビが生えている(青や緑、赤、グレーなど):腐敗が始まっています。

白いカビ:ふわふわした白いカビなら、そのまま使っても大丈夫です。産膜酵母(さんまくこうぼ)という酵母菌で、毎日かきまぜないと発生しやすくなります。体には無害なので、そのまままぜてもOK。気になる方は、取り除いてください。

使い切れない場合は、最初から冷凍保存するのがおすすめ。塩が入っているためシャーベット状にしか凍らないので、解凍しないでそのまま使えます。ドレッシングなどに使いたいときは常温に少しおいておけばすぐに溶けます。
麹調味料をジッパーつきの密封保存袋で作り、小分けにして冷凍保存しておくのもいいです。

Q. 妊婦や赤ちゃんは麹を食べても大丈夫ですか?

A. 塩分を調整しましょう

麹は食べても問題ありません。人は、3歳までに腸内菌の種類が決まるといわれていますので、離乳食などにもおすすめです。ただし、塩分は調整してください。

Q. 麹は1日に摂る量は決まっていますか?

A. 摂取量は決まっていません

よほどのことがない限り、摂りすぎになることは考えられませんので、安心して使ってください。腸内細菌もバランスが大事で、善玉菌ばかり増やせばいいというわけではありませんが、現代人は、ストレスや運動不足などで悪玉菌が優勢になる環境でもあります。

PART

2

きょうの麹こんだて

- おつかれさまの麹こんだて
- ほったらかしの麹こんだて
- 元気になる麹こんだて
- ささっとできる麹こんだて
- ホッとする麹こんだて
- 太らない麹こんだて
- 体の内側からきれいになる麹こんだて

ごはんが進むしっかり味で エネルギーチャージ

PROCESS

35 MIN

1. 鶏肉に下味をつけておく。たまねぎを切る
2. いんげんをゆでる。ゆで卵を作る（同じ鍋を使う）
3. おくらとトマトを切ってスープを作る
4. ゆで卵といんげんを和える
5. しょうが焼きを完成させる

鶏のしょうが焼き

豚肉で作るイメージのしょうが焼きも、鶏肉でヘルシーに、麹にもみ込んで消化しやすくジューシーに。

● 材料（2人分）

鶏もも肉……1枚
たまねぎ……1/2個
しょうが……ひとかけ

A
塩麹……大さじ1
おろししょうが……小さじ1

B
みりん……大さじ2
しょうゆ麹……大さじ1
酒……大さじ1

油……大さじ1/2
キャベツの千切り……適量（お好みで）

● 作り方

1. 鶏肉をひと口大に切ってボウルに入れ、Aを加えて10分おく。たまねぎとしょうがは、細切りにしておく。
2. フライパンに油を熱し、鶏肉を入れて、皮目から焼く。中火で両面に焼き目がついたら、しょうがとたまねぎを加え、たまねぎがしんなりするまで弱火～中火で炒める。
3. Bを加えて、全体に照りがつくまで炒める。

いんげんと卵のバジルサラダ

卵をシンプルに野菜と和えて、麹のドレッシングといただきます。

● 材料（2人分）

いんげん……100g
ゆで卵……1個

A
たまねぎ麹……大さじ1
オリーブオイル……大さじ1
酢……大さじ1/2
マヨネーズ……大さじ1/2
バジル（ドライ）……小さじ1

※ゆで卵の作り方→087ページ

● 作り方

1. いんげんをゆでて、3cm長さのななめ切りにする。
2. ボウルにAを入れてよくまぜ、1とひと口大に切ったゆで卵を加えてさっとまぜる。

※Aはオリーブオイル以外のものを先によくまぜてから、オリーブオイルを加えると全体がよくまざります。

おくらとトマトのかきたま汁

夏野菜を汁物に使って、体を冷やしすぎないようにします。出汁は使わず、麹で味つけ。とろとろと、のどごしよく。

● 材料（2人分）

トマト……1個
おくら……4本
卵……1個
水……400ml
オリーブオイル……大さじ1/2
塩……ひとつまみ

A
しょうゆ麹……大さじ1と1/2
たまねぎ麹……大さじ1

● 作り方

1. おくらは3cm幅の輪切りに、トマトはくし形切りの8等分にする。オリーブオイルを入れた鍋に、トマトと塩を加えて角がつぶれるまで中火で炒める。
2. 1に水とおくら、Aを加える。おくらに火が通ったら、卵を溶き入れる。

下味をつけている間に
副菜も一気にできあがり

PROCESS

1. 鶏肉に下味をつける
2. きゅうりの黒ごまナムルを作る
3. ケランチムの卵を鍋に入れて、火を入れる前まで終わらせる
4. からあげを揚げる

PLUS COLUMN

油の使い分け1

揚げものをするときは、酸化しにくく、カリッと揚がるココナッツオイル(無臭)を使っています。ココナッツオイルは、ココナッツの果肉をしぼって抽出したココナッツミルクを、さらに遠心分離して抽出したもの。天然の中鎖脂肪酸を豊富に含んでいて、中鎖脂肪酸は吸収が速く、すぐエネルギーになるので、脂肪として体内に蓄積されにくいという特徴があります。
※cocowell「有機プレミアムココナッツオイル」

ハーブのからあげ

白ワインとバジルにつけ込んで
おしゃれバル風に。
たまねぎ麹でもみ込んだら、
ぷりぷりジューシーな味わいに。

● 材料(2人分)

鶏もも肉	1枚(250g)
A	
たまねぎ麹	大さじ3
バジル(ドライ)	小さじ1
オレガノ(ドライ)	小さじ1
白ワイン	大さじ1
片栗粉	適量
揚げ油	適量
レモンのくし形切り	適量(お好みで)

● 作り方

1. 鶏肉をひと口大に切る。
2. ボウルに鶏肉を入れ、Aをまぶす。白ワインを加えて10分おく。
3. 鶏肉の汁けを切り、片栗粉をまぶす。
4. 鍋に揚げ油を入れて中火で熱し、揚げ焼きする(5分)。
5. 器に盛り、お好みでレモンを添える。

4

牡蠣(かき)のケランチム

カルシウム、鉄、亜鉛、
マグネシウム、銅など
栄養豊富な牡蠣で
心身の疲れを回復。
韓国料理のケランチムを、
塩麹と牡蠣の旨みたっぷりの、
体にしみる味にアレンジ。

● 材料（2人分）

卵……4個
生牡蠣……100g
にら……1/2束
A
塩麹……大さじ2
みりん……大さじ1/2
しょうゆ……小さじ1/2
水……160ml
ごま油……小さじ2

● 作り方

1. 牡蠣は塩もみをしてから洗って、キッチンペーパーなどで水けをしっかり拭き取る。ボウルに卵を割り入れ、Aを入れてよくまぜ、牡蠣を加える。
2. にらを2cm長さに切って1に加える。
3. 鍋にごま油を熱し、2を流し込む。
4. 強火で加熱する。底が焦げつかないよう、すくい上げるようにまぜ続ける。
5. 8割くらいかたまってきたら、ふたをして弱火で1分、湯気が出てきたら完成。

4

ONEPOINT

ふわふわのケランチムは、ケランが「卵」、チムが「蒸す」という意味です。

きゅうりの黒ごまナムル

塩麹×きゅうり。
シンプルだけどやみつきになる組み合わせ。
黒ごまでアクセントをつけます。

● 材料（2人分）

きゅうり……1本
A
塩麹……小さじ1
黒ごま……小さじ1
ごま油……小さじ1

● 作り方

1. きゅうりをめん棒などで割れ目が入るまでたたき、ボウルに入れる。
2. 1にAを入れて和える。

塩麹

たまねぎ麹

常備菜とオーブンメニュー。簡単なのにごちそう感

PROCESS

40 MIN

1. ズッキーニを薄切りにし、豚肉と重ねてオーブンで焼く
2. ブロッコリーとじゃがいもを一緒にゆでる。ブロッコリーを先に取り出す。
3. れんこんを蒸し焼きにして、味つけする
4. じゃがいも、たこ、ブロッコリーを和える

豚バラとズッキーニのミルフィーユ

野菜を切ってお肉を重ねてオーブンへ。
焼いている間に副菜作りで品数アップ!

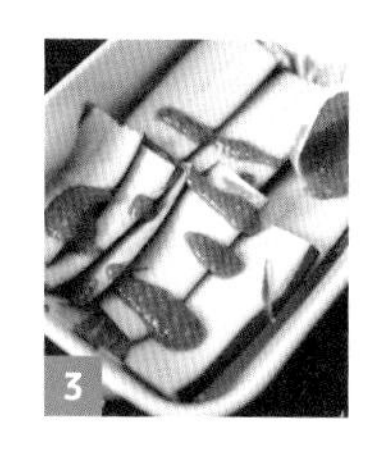
3

● 材料（2人分）

豚バラ肉……180g
ズッキーニ……1本
トマト……1個
A
- たまねぎ麹……大さじ1と1/2
- ケチャップ……大さじ1
- みりん……大さじ1

シュレッドチーズ……40g

● 作り方

1. ズッキーニを縦に薄切りにする。
2. トマトを薄切りにする。
3. ボウルにAを入れよくまぜる。耐熱皿に豚肉、トマト、ズッキーニ、A、チーズの順に交互に重ねて入れる。
4. オーブンで、210℃で35分焼く。

たことじゃがいも、ブロッコリーのバジルサラダ

おつかれモードのときは
タウリンとビタミンで栄養補給。

● 材料（2人分）

ゆでたこ……60g
じゃがいも……1個
ブロッコリー……1個（70g）
A
- オリーブオイル……大さじ2
- たまねぎ麹……大さじ1
- バジル（ドライ）……小さじ1/2

● 作り方

1. じゃがいもは1cm角切りにしてゆでる。ブロッコリーはひと口大に切ってゆでる。
2. たこを1cm角に切る。Aをまぜ合わせておく。
3. ボウルに1、2を入れてまぜ合わせる。

れんこんのガーリック明太マヨ

ガーリック×スパイシー×
麹のおいしさでやみつきに。
お酒にも合います。

● 材料（2人分）

れんこん……180g
A
- クリームチーズ……25g
- 明太子……1/2本
- にんにく麹……大さじ1

水……大さじ2
黒こしょう……少々

● 作り方

1. れんこんを5mm幅のいちょう切りにしてフライパンに並べ、水を加えて中火で4分蒸し焼きにする。
2. ボウルにAを入れ、まぜ合わせる。
3. 冷ました1を2に入れて和え、黒こしょうをふる。

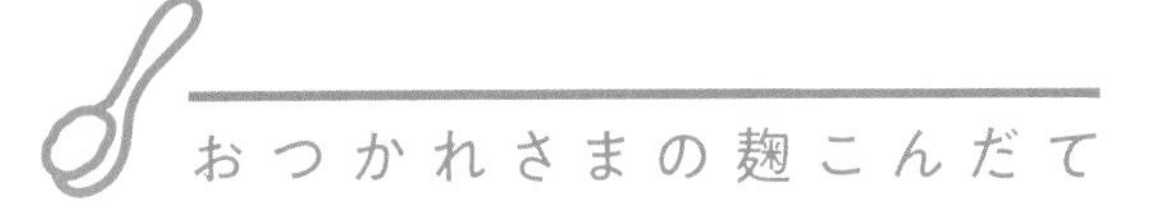

お魚もお肉も。のボリュームメニュー

PROCESS

30 MIN

1. ぶりに下味をつけておく
2. 豚肉をゆでて冷やす。春菊を洗う
3. 落とし焼きの準備をして焼く
4. ぶりを焼き、たれを作ってできあがり

ぶりステーキの香味ソースがけ

ぶりの脂と香味野菜が疲れたからだに力を与えてくれます。

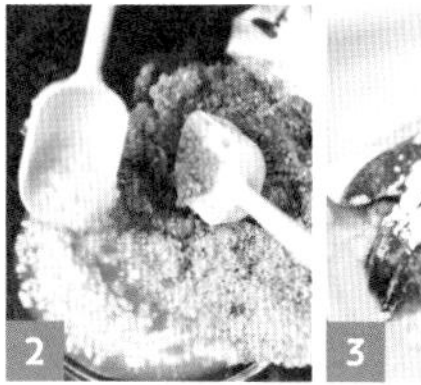

2

3

● 材料（2人分）

ぶり（切り身）……190g

A
- にんにく麹……小さじ2
- 酒……小さじ1

B
- しょうゆ麹……大さじ2
- 酢……大さじ2
- みりん……大さじ2
- てんさい糖……小さじ2

長ねぎ……1/2本
みょうが……1本
しょうが……5g
ごま油……大さじ1
片栗粉……適量

● 作り方

1. ぶりはキッチンペーパーで水けをしっかりとり、バットなどに入れてAを加え、5分おく。
2. 長ねぎ、みょうが、しょうがをみじん切りにする。
3. ボウルにBと2を入れてまぜ合わせる。
4. 1に片栗粉を薄くまぶす。フライパンにごま油を熱し、弱火～中火で片面を2分30秒ずつ焼き、お皿に取り出す。
5. 同じフライパンに2を加えて、煮立たせたら3にかける。

春菊と豚しゃぶのごま和えサラダ

春菊といえば「鍋」かもしれませんが、そのままいただくほうがクセがなく、春菊本来のおいしさを味わえます。わが家のサラダの定番。

● 材料（2人分）

春菊……1/2袋（100g）
豚肉（しゃぶしゃぶ用）……150g

A（即席麹ごまだれ）
- 酢……小さじ2
- しょうゆ麹……小さじ1
- マヨネーズ……小さじ1
- ねりごま……小さじ1
- すりごま……小さじ1

● 作り方

1. 春菊をよく洗い、ひと口大に切る。Aをボウルに入れてよくまぜる。
2. 鍋にお湯を沸かし、豚肉をさっとゆでて氷水で締める。
3. 器に春菊と豚肉を盛り、Aをかける。

ながいもと切り干しだいこんの落とし焼き

疲労回復にきくながいもを、さっと作って食べられるようにしました。子どものおやつにもぴったり。

● 材料（2人分）

ながいも……300g
小ねぎ……1/2本
切り干しだいこん……15g
シュレッドチーズ……35g
片栗粉……大さじ3
しょうゆ麹……大さじ2
油……大さじ1

● 作り方

1. ながいもをすりおろす。小ねぎは小口切りにする。切り干しだいこんを水（分量外）で戻し、食べやすい大きさに切る。
2. ボウルに1とシュレッドチーズ、しょうゆ麹、片栗粉を加えてよくまぜる。
3. フライパンに油を熱し、2をスプーンですくって落とし中火で2分焼く。ふつふつと気泡が出てきたら裏返してふたをし、さらに2分焼く。

冬野菜でからだをいたわる

PROCESS

1. ごぼうを斜め薄切りにし、炊飯器に炊き込みご飯の材料をすべて入れて炊く
2. さといもを電子レンジでやわらかくして皮をむき、煮込む。
3. キャベツをゆでて和える
4. たらを両面焼く

たらとさといものクリーム煮

食べるとなぜだかホッとするクリーム煮は、疲れた体にしみます。さといもを使って、こってりしすぎないようにします。

● 材料（2人分）

たら（切り身）……2切れ
さといも……200g（3~4個）
塩麹……小さじ1・大さじ2
豆乳……大さじ3
バター（有塩）……15g
オリーブオイル……大さじ1
米粉……適量
黒こしょう……適量

● 作り方

1. さといもは洗ってくるっと、1周切り込みを入れる。ボウルに入れてラップをし、電子レンジで5分加熱する。粗熱がとれたら皮をむいてスプーンなどでつぶす。

ONEPOINT

さといもは、手でするっとむけます。

2. 鍋にバターを入れて溶かし、1、豆乳、塩麹（大さじ2）を加えてよくまぜる。
3. たらに塩麹（小さじ1）をもみ込み、米粉をまぶしておく。
4. フライパンにオリーブオイルを熱し、たらを皮目から入れて中火で焼く。
5. 器に2を盛りつけて4をのせ、お好みで黒こしょうをふる。

2

ごぼうとツナのガーリック炊き込みご飯

疲れたときに食べたくなる
ガーリックご飯。
時短で作りたいときの
お助けメニューです。

● 材料（2人分）

米……2合
ごぼう……1本
ツナ缶……1缶
バター（有塩）……10g
A
にんにく麹……大さじ2と1/2
しょうゆ……大さじ1
（しっかり味にしたい場合、大さじ2）
水……適量

ONEPOINT

冬はごぼう、夏はとうもろこしもおすすめです。

● 作り方

1. ごぼうは洗って斜め薄切りにして、Aに漬けておく。米はとぎ、ザルにあげておく。
2. 炊飯器に1と汁けを切ったツナ缶を加えて、普通に炊く。
3. 器に盛り、仕上げにバターをのせる。

3

蒸しキャベツのしらすサラダ

野菜は火を通すとかさが減るので、
生野菜よりしっかり食べられます。
蒸すことで栄養も逃さず、調理も楽です。

● 材料（2人分）

キャベツ……150g
生しらす……20g
A
塩麹……大さじ1
ごま油……大さじ1/2
水……50ml

● 作り方

1. キャベツはざく切りにし、フライパンに入れて水を加える。ふたをして、中火で2分加熱する。
2. 粗熱がとれたら水けをしぼり、器に入れてしらすとAを加えてよくまぜる。

おうちで居酒屋。
麹に漬けるだけの作りおき

PROCESS

1. 塩麹豆腐は2日前に作っておく
2. ゆで卵を漬けておく
3. わかめとかつおは和えて冷やしておく
4. 砂ずりを麹に漬けて焼く

（食材を麹に漬ける時間を除く）

塩麹豆腐

まるでクリームチーズのような食感。
わが家の作りおきにしています。
絹豆腐で作ると、よりクリーミーで
なめらかになります。

● 材料（2人分）

豆腐（絹）……1/2丁
塩麹……大さじ2

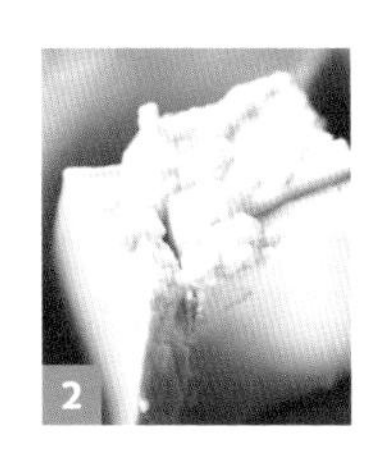

● 作り方

1. 豆腐をキッチンペーパーに包み、お皿などで最低1時間重しをして、よく水けをとる。
2. 塩麹を表面にぬり、キッチンペーパーに包んだ上からラップをして2日間おく。
※途中で水が出ていたら捨てる。

麹に漬けた ゆで卵

いつでもすぐに食べられるので、
常備菜として作りおきしています。
お弁当のおかずにもいいです。

● 材料（2人分）

ゆで卵……1個
塩麹……大さじ1/2

ONEPOINT

塩麹以外、しょうゆ麹やたまねぎ麹もおすすめ。お好みを見つけてください。

● 作り方

1. ゆで卵を作る（水から入れて中火で8分）。
2. 殻をむいて、ラップに塩麹と一緒にくるむ。
3. 1日おいてできあがり。

かつおとわかめの ピリ辛サラダ

腸活にいいわかめとかつおが
好相性。
たっぷり食物繊維をとります。

● 材料（2人分）

かつお（刺身用）……200g
わかめ（乾燥）……5g

A
ごま油……大さじ1
しょうゆ麹……大さじ1/2
おろししょうが……小さじ1/2

一味唐辛子……お好みで

● 作り方

1. かつおをひと口大に切る。わかめは水（分量外）で戻して食べやすい大きさに切る。Aをまぜ合わせておく。
2. ボウルに1を入れて和える。
3. お好みで一味唐辛子をふる。

砂ずりの ガーリック 炒め

とりあえずの一品にもってこい。
砂肝の真ん中にある白い部分、
銀皮（ぎんぴ）を取り除くと
食感がよくなります。

● 材料（2人分）

砂ずり（砂肝）……200g
長ねぎ……5cm

A
にんにく麹……大さじ1
レモン汁……大さじ1
酒……大さじ1

ごま油……大さじ1/2

● 作り方

1. 砂ずりをそれぞれ4分の1に切る。
2. 長ねぎをみじん切りにしてAとまぜ合わせる。
3. フライパンにごま油を熱し、1と2を入れて中火で3分炒める。
※砂肝にはくさみがないので、下ゆでをする必要はありません。

塩麹
しょうゆ麹
にんにく麹

麹で時短。
味わい深い煮込みメニュー

PROCESS

1. 豚肉とだいこんを切る
2. フライパンに材料を入れて煮込む
3. サラダを作る

PLUS COLUMN

中華だけじゃない! オイスターソース

オイスターソースは、牡蠣の旨み成分を濃縮した調味料。中華料理の「しょうゆ」のような存在ですが、私は中華料理だけでなく和食や洋食の隠し味にも使っています。よけいなものが入っていない国産の原料を使い、広島県産の牡蠣のおいしさを感じられるソースがお気に入りです。

※光食品「オイスターソース」

豚ヒレとだいこんのほったらかし煮

フライパンに材料を全部入れて煮込んだらできあがり。
野菜とお肉と麹の出汁がきいています。
だいこんをかぶにしてもおいしい。

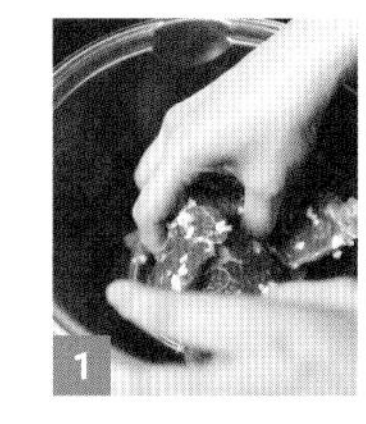

● 材料（2人分）

豚ヒレ肉……280g
塩麹……大さじ1と1/2
だいこん……1/4本

A
オイスターソース……大さじ1と1/2
酒……大さじ1
みりん……大さじ1
水……250ml

● 作り方

1. 豚肉を3mm幅のひと口大に切り、塩麹をもみ込んでおく。だいこんは6mm幅の半月切りにする。
2. フライパンに1を並べ、Aを入れてふたをし、弱火～中火で12分煮る。

※だいこんがかたかったらもう少し煮る。

ONEPOINT

豚肉には疲労回復やお肌をきれいにしてくれるビタミンBが豊富です。ヒレ肉は、高たんぱく質・低脂質。積極的にとりたいところです。

豆苗と揚げ玉と桜エビのサラダ

野菜のシャキシャキ感と揚げ玉のサクサク食感がクセになります。
スナック感覚でどうぞ。

● 材料（2人分）

豆苗……1/2束
揚げ玉……大さじ1
桜エビ……大さじ1

A
しょうゆ麹……大さじ1
ごま油……大さじ1
おろししょうが……小さじ1

● 作り方

1. 豆苗を3cm長さに切る。Aをまぜ合わせておく。
2. ボウルに豆苗を入れ、Aと揚げ玉、桜エビを加えて和える。

忙しいときこそ
栄養をとって明日に備えたい

PROCESS

30 MIN

1. 炊き込みビビンバを作る
2. 炊飯中にスープを作る
3. レタスをゆでる

炊き込みビビンバ

ビビンバといえばプロセスの多いイメージですが、
材料を入れて炊き込むだけでできあがりです。

● 材料（2人分）

米……2合
牛こま切れ肉……140g
にんじん……1/2本
豆もやし……1/2袋（100g）
ほうれんそう……1/2袋（100g）
キムチ……適量
水……360ml

A
しょうゆ麹……大さじ2と1/2
にんにく麹……小さじ1
酒……大さじ1/2
みりん……大さじ1/2

B
ごま油……大さじ1
塩……小さじ1/2

● 作り方

1. にんじんを細切りにする。
2. ほうれんそうをゆでて、粗熱がとれたらBとまぜる。
3. 炊飯器に米とAを入れ、豆もやしを加えてまぜる。その上に1と牛肉をのせ炊飯する。
4. 炊き上がったら、器に盛り、2とキムチをのせる。

焦がしねぎとわかめのスープ

焦がしたねぎとしょうゆ麹の
お出汁がきいた、香ばしいスープ。

● 材料（2人分）

長ねぎ……1/2本
わかめ（乾燥）……3g
しょうゆ麹……大さじ1と1/2
水……400ml
ごま油……大さじ1/2
いりごま……大さじ1

● 作り方

1. 長ねぎを3cm長さに切る。
2. 鍋にごま油を熱し、1の長ねぎを入れて中火で焼き目がつくまで焼く。
3. 2に水とわかめを入れて、しょうゆ麹を加え、煮立ったら火を止める。
4. 器に盛り、いりごまをふる。

レタスの温サラダ

食物繊維とビタミン豊富なレタスを
ちぎってさっと火を通すだけの
ホットサラダ。塩麹の甘みと旨みが
オイスターソースに合います。

● 材料（2人分）

レタス……1/6個（50g）

A
塩麹……小さじ1
オイスターソース……小さじ1

熱湯……400ml

● 作り方

1. レタスをひと口大にちぎってザルに入れ、熱湯を上からかける。
2. 器にAを入れてまぜ合わせる。
3. 1を器に盛り、2をかけてできあがり。

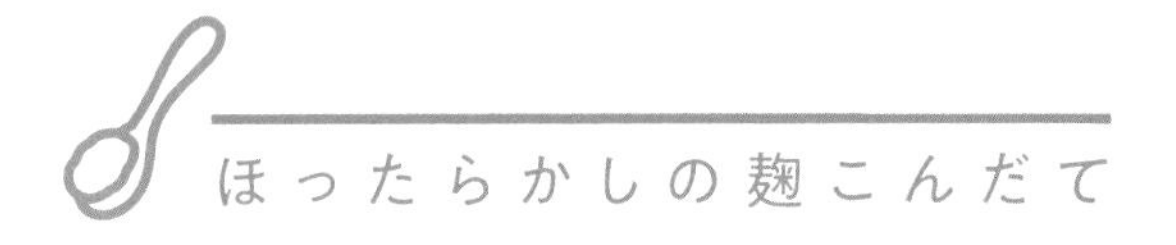

甘麹の力で
旨みとコクのある本格カレー

PROCESS

30 MIN

1. バターチキンカレーを作る

2. カレーを煮込む間に、パプリカを和える

発酵バターチキンカレー

手作りルウの隠し味は甘麹。
ほろっとやわらかいチキンもおいしい。

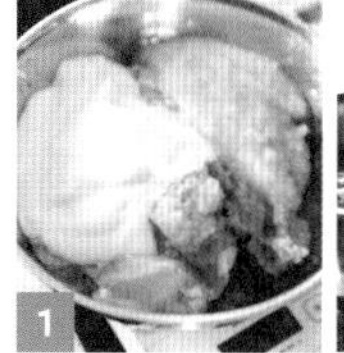

1

● 材料（2人分）

鶏手羽元……5～6本
（鶏もも肉の場合は250g）
ヨーグルト……1/2パック（200g）
たまねぎ……1個
にんにく……1片
バター……20g・20g
カレールウの素
A
甘麹……大さじ5
たまねぎ麹……大さじ3
カレー粉……大さじ2～3
トマトピューレ……200g
たまねぎ麹……大さじ2
しょうゆ麹……大さじ1
塩……ひとつまみ

● 作り方

1. ボウルに鶏肉、A、ヨーグルトを入れてまぜ合わせ、漬けておく。
※辛みは、カレー粉の量で調節してください。
2. にんにくとたまねぎを薄切りにする。
3. 鍋にバター（20g）とにんにくを入れて、中火で炒める。香りが立ってきたら、2のたまねぎ、塩を入れ甘みを引き出す。たまねぎがしんなりしてきたらOK。
4. 3に1とトマトピューレを入れ、鶏肉に火が通るまで、約10分煮込む。
5. しょうゆ麹、たまねぎ麹を入れて味を調える。残りのバター（20g）を加え、全体になじませるようにまぜたらできあがり。

ONEPOINT

トマトピューレはトマト缶より濃厚なので、分量を少なめにして塩分も減らしています。
※アルチェネロ「有機トマトピューレ」

やみつきパプリカ

パプリカだけとは思えない、深みのある味。
塩麹が野菜本来の味を引き出してくれます。

● 材料（2人分）

パプリカ……1/2個
A
塩麹……小さじ1
オリーブオイル……小さじ1
酢……小さじ1
マスタード……小さじ1/2
はちみつ……小さじ1/2

● 作り方

1. パプリカはひと口大に切る。Aをよくまぜる。
2. ボウルにパプリカを入れて、Aと和える。

一にも二にも、温かいものを

PROCESS

とろろ鍋

とろろと麹のお出汁は好相性。
スープは全部飲み干したくなります。
七味唐辛子など辛いものを、お好みで足しても。
ヘルシーで栄養もある鶏だんごでおなかもいっぱい。

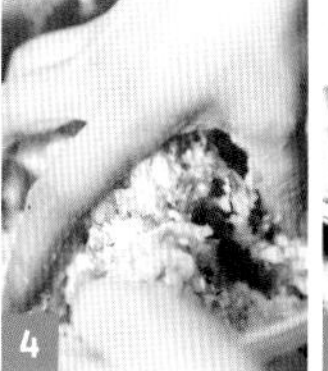
4

6

PLUS COLUMN

とろみのあるものは温度がキープされるので、
おなかの中まで温まります。

● 材料（3～4人分）

水菜……1/2袋
しいたけ……4個
えのきだけ……1袋（100g）
白菜……1/6個（300g）
ながいも……約15cm
しょうゆ麹……大さじ1/2
豆腐……1/4丁（80g）

A
鶏ひき肉……約300g
塩麹……大さじ1
おろししょうが……小さじ1
片栗粉……大さじ2
ひじき、桜エビ……お好みで

水……1000ml
出汁パック……1袋

B
塩麹……大さじ2~3
しょうゆ麹……大さじ1と1/2
酒……大さじ1

● 作り方

1. 野菜をひと口大に切る。きのこ類は石づきを落とし、食べやすい大きさに切る。
2. ながいもの皮をむいてすりおろし、器に入れてしょうゆ麹をまぜ合わせる。
3. 鍋に水、出汁パックを入れて火にかけ、弱火で5分煮出す。
4. 豆腐をキッチンペーパーに包み軽く水抜きをしたら、ボウルに入れてAを加えまぜ合わせる。
5. 4をスプーンですくい成形したら、3に落としていく。白菜、きのこ類、Bを加え、野菜に火が通るまで沸々と煮立つくらいに煮込む。
6. 火を止めて、水菜を加え、2をかける。

ONEPOINT

ながいもは、疲労回復にきくビタミンB1、美肌効果があるビタミンC、腸内環境を整える食物繊維などが含まれる栄養が高い食品。でんぷんを分解するアミラーゼなどの消化酵素が含まれていて熱に弱いので、生ですりおろしたり短冊切りにして食べるのがおすすめです。

栄養もバランスも
ほったらかしも最強。

PROCESS

40 MIN

1. 炊き込みご飯を作る
2. スープを作る

鮭ときのこの塩麹炊き込みご飯

「入れて炊くだけ」。
塩麹のほんのり甘くてやさしい香り。
体にしみる味にアレンジしました。

2

● 材料（2人分）

米……2合
生鮭……2切れ
まいたけ……1パック（100g）
塩麹……大さじ1・大さじ2
A
　酒……大さじ1
　みりん……大さじ1
　水……360ml
小ねぎ……お好みで

※銀鮭を使う場合は、塩麹を大さじ2に減らして炊飯してください。

● 作り方

1. 米は洗ってザルにあげ、内釜に入れる。
2. 鮭と塩麹（大さじ1）を和える。
3. 1にまいたけと2、A、塩麹（大さじ2）を入れて普通に炊飯する。
4. お好みで刻んだ小ねぎをちらす。

キャベツとにんじんのスープ。チーズのせ

ご飯を炊いている間に千切り。
くたくた煮ると野菜の旨みがしみ出てたくさん食べられます。

● 材料（2人分）

キャベツ……40g
にんじん……1/2本
シュレッドチーズ……20g
塩麹……小さじ1
A
　たまねぎ麹……大さじ1と1/2
　水……400ml
オリーブオイル……大さじ1/2

● 作り方

1. にんじん、キャベツを千切りにする。
2. 鍋にオリーブオイルを熱し、1、塩麹を加えてしんなりするまで炒める。
3. Aを加えて煮る。
4. 器に盛り、シュレッドチーズをのせる。

おつまみを食べながら メインの煮込み

PROCESS

55 MIN

1. スペアリブの下準備をする
2. リエットを作る
3. マッシュルームを炒める

スペアリブの白ワイン煮

煮込み時間さえあれば、ほったらかして完成。
お肉と野菜の旨みを麹がまとめてくれます。

● 材料（2人分）

スペアリブ……400g
たまねぎ……1個
じゃがいも……中2個
にんにく……1片
たまねぎ麹……大さじ1と1/2
バター（無塩）……20g
ローリエ……1枚
白ワイン……200ml
水……100ml

A
たまねぎ麹……大さじ1と1/2
はちみつ……小さじ1

● 作り方

1. スペアリブとたまねぎ麹を和えておく。じゃがいもをひと口大に切る。たまねぎをくし形切りにする。
2. 鍋にバターを熱し、溶けたらスペアリブを加えて中火～強火で両面に焼き目がつくまで3分ほど焼いてお皿に取り出す。
3. 同じ鍋にたまねぎとじゃがいも、にんにくを入れ、全体に油が回ったら、白ワインと水、スペアリブ、ローリエを加え、ふたをして弱火で40分煮込む。
4. 3にAを加えてよくまぜる。

※ホーロー鍋など密封できる鍋以外のものを使う場合は、煮汁がなくなるまで様子を見ながら加熱してください。

さば缶のリエット

具材をまぜるだけの簡単リエット。
サンドイッチにも合います。

● 材料（2人分）

さばの缶詰……1缶

A
にんにく麹……大さじ1
マスタード……小さじ2
クリームチーズ……100g

たまねぎ……1/4個
バゲット……お好みで

● 作り方

1. Aのクリームチーズを常温に戻す。たまねぎをみじん切りにして、水にさらす。
2. ボウルにAを入れてよくまぜ、汁けを切ったさば缶とたまねぎを加えてさらにまぜる。バゲットにのせていただく。

マッシュルームのオイル炒め

にんにく麹を合わせただけ。
きのこはシンプルな調理で
おいしさを引き立てます。

● 材料（2人分）

マッシュルーム……7個
にんにく麹……大さじ1
オリーブオイル……大さじ1と1/2
バゲット……お好みで

ONEPOINT

常備菜として作りおきにも。
冷蔵庫で5日間保存。

● 作り方

1. マッシュルームを各4等分にする。
2. フライパンにオリーブオイルを熱し、マッシュルームを入れて中火で炒める。火が通ったらにんにく麹を加えてまぜ合わせる。バゲットにのせていただく。

たまねぎ麹
にんにく麹

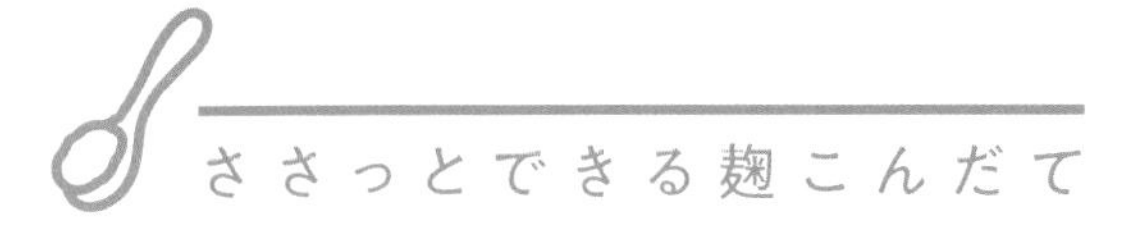

週末出かける前の
クイックランチ

PROCESS

20 MIN

1. スープを作る

2. オムライスを作る

麹オムライス

ケチャップの分量の半分をたまねぎ麹にすると、
麹の甘みがご飯においしくからみます。
ケチャップライスが苦手な人にもおすすめです。

● 材料（2人分）

ごはん……お茶碗2杯分
鶏もも肉（鶏むね肉でもOK）……60g
たまねぎ……1/4個
バター……15g
オリーブオイル……大さじ1/2
A
たまねぎ麹……大さじ2
ケチャップ……大さじ2
卵……3個
B
塩麹……小さじ1/2
甘麹……小さじ1/2

● 作り方

1. たまねぎをみじん切りにする。鶏肉は小さめのひと口大に切る。ボウルに卵を割り、Bとまぜておく。
2. フライパンにバターを熱し、1の鶏肉、たまねぎを加えて炒める。鶏肉に火が通ったらAを加えてさっとまぜる。ごはんを加えてよくまぜ、一度お皿に取り出す。
3. フライパンにオリーブオイルを熱して1の卵を流し入れ、真ん中にごはんをおいて焼きながら包む。

ブロッコリーとベーコンのくたくたミルクスープ

ブロッコリーはゆで時間を気にせず、
くたっとするまで煮込みます。

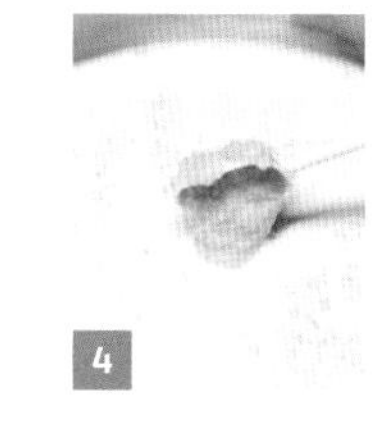

● 材料（2人分）

ブロッコリー……1/2個（100g）
ベーコン……2枚
にんにく……1片
白ワイン……大さじ2（酒でもOK）
A
たまねぎ麹……小さじ2
豆乳……200ml
水……200ml
オリーブオイル……大さじ1/2

● 作り方

1. ブロッコリー、ベーコン、にんにくをみじん切りにする。
2. 鍋にオリーブオイルを熱し、ベーコンとにんにくを入れて炒める。香りが立ったら、ブロッコリーと白ワインを加えて炒める。
3. 2に水を加え、ふたをして弱火で7分煮込む。
4. ブロッコリーがくたくたになったらAを加える。

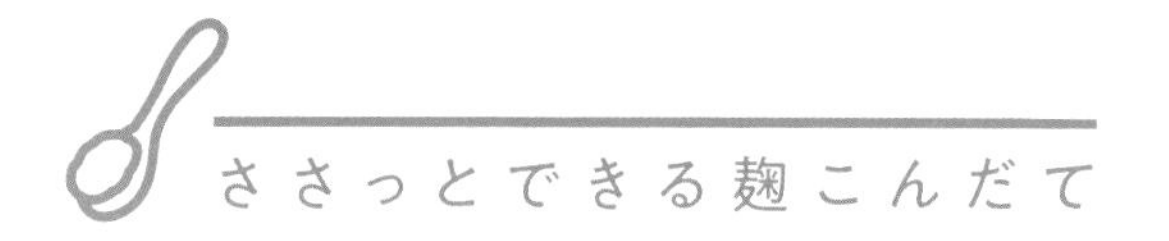

あるもので
サッとできる本格どんぶり

PROCESS

15 MIN

野菜たっぷり中華丼

麹で具材のコクと旨みをギュッと凝縮させています。
時間がないとき、冷蔵庫の余り野菜でよく作っています。

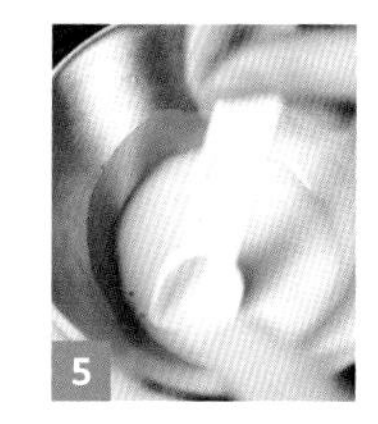
5

● 材料（2人分）

白菜……100g
にんじん……1/2本
たまねぎ……1/4個
きくらげ……30g
豚バラ肉……80g
むきエビ……70g
しょうが……1片
にんにく……1片

A
酒……大さじ1
塩麹……大さじ1

B
水……200ml
たまねぎ麹……大さじ1と1/2
塩麹……大さじ1

片栗粉……大さじ1
水……大さじ1
油……大さじ1/2
温かいご飯……お茶碗2杯分

● 作り方

1. 白菜、豚肉をひと口大に切る。にんじん、きくらげを細切りにする。たまねぎを薄切りにする。しょうがとにんにくをみじん切りにする。
2. 豚肉とむきエビをAに漬けておく。
3. フライパンに油を熱し、にんにくとしょうがを入れて炒め、香りが立ったら2を加えて色が変わるまで炒める。
4. 3ににんじんとたまねぎ、白菜を入れ、しんなりしたらきくらげとBを加える。ふたをして、中火で3分蒸し焼きにする。
5. 野菜がしんなりしたら、水で溶いた片栗粉を入れて、一度強火にしてしっかりとろみをつける。
6. 器に温かいご飯を盛り、5をかける。

PLUS COLUMN

ごはんを作ることはセルフケア

ごはんを作ることは、自分を大切にするいちばんのセルフケアだと思うんです。
「人は食べたものでつくられる」。だから、口にするものを自分で作るってすごいことだと、私は思ってます。自分のためにごはんを作ったら、「私ってえらい!」。いつもそう思っています(笑)。

くたくたになって家に帰ってきたときも「よし！ ごはん作るか!」。そんなふうに思えるのは、麹があるから。適当に作っても、麹をプラスすると魔法がかかったようにおいしくなる。さっと作ってしまったけど、おいしいのができちゃったと、ひとりで喜んでいます。

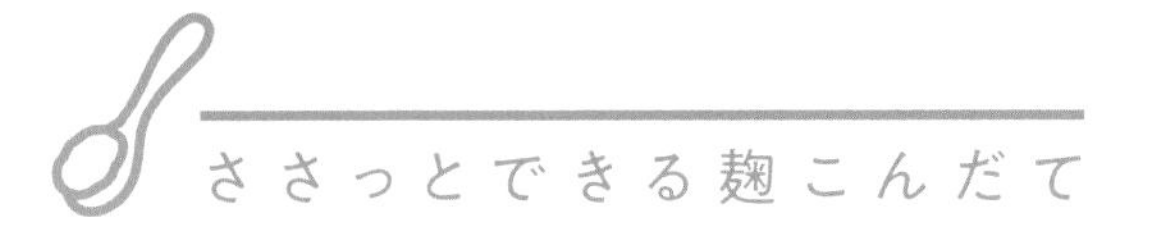

麹でできるお手軽中華

PROCESS

PLUS COLUMN

油のこと2

麹調味料を使っていると、多くの調味料は必要ないぶん吟味するようにしています。油は特にこだわっていまして、「圧搾」「一番搾り」「コールドプレス」のいずれかで、トランス脂肪酸が入っていない、遺伝子組み換えでないものを選んでいます。
焼いたり、炒めたりするときは、熱に強くクセのない菜種油、揚げ焼きをするときはココナッツオイル(→030ページ)、油の風味を生かしたい料理には香りが強すぎないごま油、ドレッシングやバゲットには酸度0.25%のフレッシュなオリーブオイルを使っています。このオリーブオイルを食べたいがためにバゲットを買ってくるほどのお気に入りです。
※平田産業「国産なたねサラダ油」
※九鬼産業「九鬼ヤマシチ純正胡麻油」
※サルバーニョ「エキストラバージンオリーブオイル」

酸辣湯麺（サンラータンメン）

好きな野菜を入れて具だくさんに。
寒い日はとろみのあるスープで体を温め、
暑い日は酸っぱ辛いスープでさっぱりといただきます。

4

● 材料（2人分）

豚こま切れ肉……40g
卵……1個
にんじん……1/3本
きくらげ……30g
しいたけ……3個
A
オイスターソース……大さじ1と1/2
しょうゆ麹……大さじ1と1/2
たまねぎ麹……大さじ1/2
にんにくのすりおろし……小さじ1
水……400ml
酢……大さじ2
片栗粉……大さじ1と1/2
水大さじ1
ごま油……大さじ1/2
中華麺……2玉

● 作り方

1. にんじんときくらげは細切りに、しいたけは薄切りにする。
2. 鍋にごま油を熱し、豚肉を入れ炒める。1を加えて炒め、さらにAを加え野菜がくたくたになるまで中火で煮込む。
3. 2に水で溶いた片栗粉を入れて溶き卵を回し入れ、とろみがついたら酢を加える。
4. 器にゆでた中華麺を盛り、3をかける。

ONEPOINT

本書のレシピで出番が多いきくらげは、美しくなるためのマスト食材です。鉄分はレバーの3倍、ビタミンDや食物繊維、植物性コラーゲンが豊富、カルシウムは牛乳の約2倍！ 6月頃から旬を迎えます。

宮崎の郷土料理。塩麹で時短

PROCESS

15 MIN

さば缶で作る豆乳冷や汁

栄養バランスを整えて
ボリュームも出るようにさば缶を使いました。
塩麹でマイルドに。

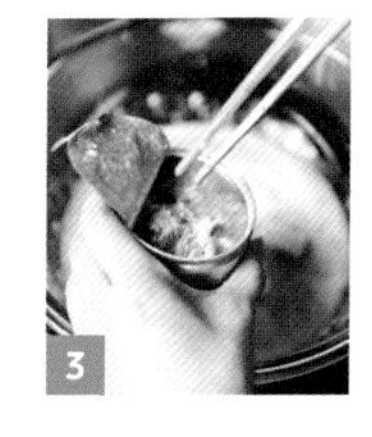
3

● 材料（2人分）

さば缶……1缶
豆腐（絹）……50g
きゅうり……1/2本
大葉……2枚
みょうが……1本

A
味噌……大さじ1と1/2
塩麹……大さじ1と1/2

B
すりごま……大さじ2
かつお節……5g
塩……適量

C
豆乳……100ml
水……350ml

● 作り方

1. きゅうりを薄切りにして塩もみする。豆腐をひと口大に切る。みょうが、大葉は千切りにする。
2. ボウルにA、Bを入れてよくまぜたら、Cを加えてさらにまぜる。
3. 2に豆腐を入れ、さば缶を汁ごとと、きゅうりを加える。
4. みょうが、大葉を入れて軽くまぜる。

PLUS COLUMN

その土地でその季節にとれたものを

「身土不二（しんどふじ）」。私が大切にしている言葉です。人間の身体と土地は切り離せない関係にあり、その土地でその季節にとれたものを食べるのがよいという考えです。
旬の食材を楽しむことや、旅行先でその土地のものを食べるとワクワクしませんか。日常のなかに私たちが感じているこのワクワクや満たされる感情こそが、身土不二だと思っています。

「冷や汁」 は、暑くて湿気の多い宮崎県に根づき、新鮮な魚介類や野菜を時間や食欲のないときでも栄養補給、体力回復のために、簡単に食べられるものとして伝えられてきました。夏の暑い時期にぜひ作ってみてください。

サクフワフライと
麹タルタルがやみつきに。
どこか懐かしいこんだて

PROCESS

30 MIN

1. 昆布出汁をとる（昆布出汁の粉末でもOK）
2. 野菜を切ってやわらかくなるまで煮込んでおく
3. 鮭に塩麹をぬる
4. 小松菜を蒸して粗熱をとり、小さく切り納豆と合わせておく
5. 鮭を揚げ焼きする
6. スープを味つけし、タルタルソースを作る

鮭フライと発酵タルタルソース

ストレスで出た活性酸素を取り除いてくれる鮭を揚げ焼き。
塩麹で身はふわっと、衣はサクッと。
タルタルソースは、たまねぎ麹で作ります。

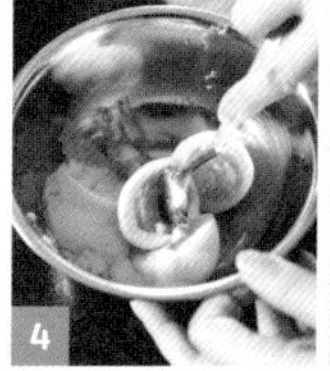
4

● 材料（2人分）

鮭……4切れ（240g）
塩麹……大さじ1
卵……1/2個
米粉……適量
パン粉……適量
ゆで卵……2個

A
たまねぎ麹…大さじ1
マヨネーズ…大さじ1
はちみつ……小さじ1
レモン汁……小さじ1/2

油……大さじ5
ベビーリーフ…適量（お好みで）

● 作り方

1. 鮭は水けをキッチンペーパーで拭き取り、ひと口大に切って塩麹をぬっておく。
2. 鮭に溶いた卵をくぐらせ、米粉、パン粉の順にまぶす。
3. 鍋に油を熱し、中火で片面2分半ずつ揚げ焼きにする。
4. タルタルソースを作る。ボウルに半分に切ったゆで卵を入れてつぶし、Aを加えまぜ合わせる。
5. お皿に3と4を盛りつける。お好みでベビーリーフを添える。

白い ミネストローネ

白菜と昆布の旨みがたっぷりのスープ。
やさしい出汁が気持ちをしずめてくれます。

● 材料（2人分）

昆布……1枚
白菜……40g
じゃがいも……1個
たまねぎ……1/2個
水……400ml
たまねぎ麹……大さじ3
ローリエ……1枚
塩・こしょう……各少々

● 作り方

1. じゃがいも、たまねぎは皮をむいてから、白菜をそれぞれ1cm角に切る。
2. 鍋に水と昆布を入れて、中火にかける。昆布は沸騰直前に取り出す。
3. 沸騰したら、1とローリエを入れて20分煮る。
4. 3にたまねぎ麹を加え、塩・こしょうで味を調える。

小松菜の 納豆和え

納豆×チーズ×麹の発酵パワー。
小松菜は、体の余分な熱をとってイライラ感をおさえてくれます。

● 材料（2人分）

納豆……1パック
小松菜……1束
プロセスチーズ……13g
（ベビーチーズ1個分）
しょうゆ麹……小さじ1
水……50ml

● 作り方

1. フライパンに水と半分に切った小松菜を入れてふたをし、30秒～1分間蒸す。ザルにあげて冷まし、水けをしぼって食べやすい大きさに切る。
2. チーズを0.5cm角に切る。
3. ボウルに1、2、納豆、しょうゆ麹を入れてまぜ合わせる。

油を多く使いがちな中華メニューも 麹でヘルシーにおいしく

PROCESS

1. きくらげ、なす、ねぎを切る
2. なすを焼く、きくらげと卵を炒める
3. 卵ときくらげを炒める、春巻を揚げる
4. なすを焼く

エビとチーズのとろとろ春巻

ホッとする気持ちをつくる「幸せホルモン」の材料となる豆腐を使った春巻。
調味料は塩麹だけですが、
コクのある春巻ができます。

● 材料（作りやすい分量）

むきエビ……180g
豆腐（木綿）……50g
シュレッドチーズ……20g
塩麹……大さじ1
春巻の皮……5枚
大葉……5枚
油……大さじ7

● 作り方

1. 豆腐をキッチンペーパーに包み、よく水けをとる。
2. エビは洗い、包丁で粗くたたいて小さくしてボウルに入れ、塩麹と豆腐を加えてまぜる。
3. 春巻の皮に大葉をのせ、各5分の1のシュレッドチーズ、2をのせて包む。
4. 鍋に油を入れ、170度で揚げ焼きにする。器に盛る。

なすのねぎ塩だれ和え

蒸し焼きしたなすに塩麹だれが
しっかりからみます。
箸が止まりません!

● 材料(2人分)

なす……1本
長ねぎ……5cm
A
塩麹……大さじ1
酒……大さじ1
しょうがのすりおろし……小さじ1/2
ごま油……大さじ1

● 作り方

1. なすを縦長に4等分する。長ねぎはみじん切りにしてAとまぜる。
2. フライパンにごま油を熱し、なすを皮目から入れて弱火でじっくり焼く。
3. 1の長ねぎを加えてふたをして、中火で2分蒸し焼きにする。

卵ときくらげの中華炒め

家中華は卵をふんわり、しっかり炒めるのがコツです。
しょうゆ麹で甘みも感じるやさしい味。

● 材料(2人分)

卵……2個
きくらげ……60g
長ねぎ……4cm
A
しょうゆ麹……大さじ1/2
酒……小さじ1
みりん……小さじ1
オイスターソース……小さじ1
ごま油……大さじ1/2

● 作り方

1. ボウルに卵を溶き入れ、Aを加えてまぜる。
2. 長ねぎをみじん切りにする。きくらげは半分に切る。
3. フライパンにごま油を熱し、中火で長ねぎを炒め、香りが出たらきくらげを加えさっと炒める。
4. 3に1を加えて、卵が半熟になったらオイスターソースを入れ、まぜ合わせる。

毎日頑張った私に
週末ごほうびランチ

PROCESS

30 MIN

1. ベビーリーフを洗い、サラダとマリネのドレッシングを作る
2. ホタテのトマトソースを作る
3. パスタをゆでる
4. マリネとサラダを完成させる
5. パスタとソースをまぜ合わせる

ホタテのトマトクリームパスタ

1週間、頑張った自分をいたわるランチとして作っています。
あっさりしがちな魚介パスタも、麹でコクを出します。

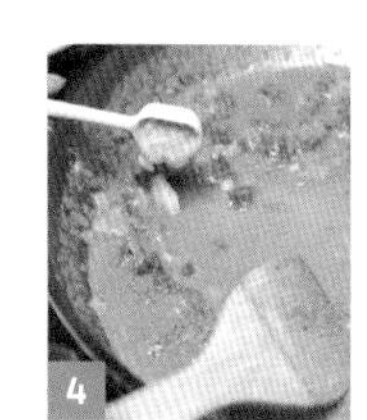
4

● 材料（2人分）

ホタテ……110g（6～7粒）
たまねぎ……1/2個
A
トマト缶……200g
豆乳……400ml
たまねぎ麹……大さじ3
白ワイン……大さじ2
にんにく麹……小さじ2
にんにく……1片
パスタ……200g
水……1000ml
塩……少々
オリーブオイル……大さじ2

● 作り方

1. フライパンにオリーブオイルを熱し、ホタテを入れて2分加熱し、お皿に取り出す。
2. 鍋にお湯を沸かし、塩を入れパスタをゆでる。
3. たまねぎ、にんにくをみじん切りにして、1のフライパンでしんなりするまで炒める。
4. 3にAを入れて3分煮詰める。
5. 4にゆでたパスタとホタテを入れてからめる。

ひじきの洋風マリネサラダ

メインのパスタに
ビタミンとミネラルをプラス。

● 材料（2人分）

ひじき（水煮したもの）……20g
大豆（水煮したもの）……80g
ミニトマト……2個
たまねぎ……1/4個
A
にんにく麹……小さじ1/2
しょうゆ麹……小さじ1
レモン汁……大さじ1
オリーブオイル……大さじ1

● 作り方

1. たまねぎを薄切りにして、水にさらす。ミニトマトは食べやすい大きさに切る。
2. ボウルにひじき、大豆、Aを入れてまぜ合わせる。
3. 2に1、オリーブオイルを加えて和える。

無限ベビーリーフサラダ

「だけ」のかんたんやみつきサラダ。
疲れたからだにエナジーチャージ。

● 材料（2人分）

ベビーリーフ……約50g
A
オリーブオイル……小さじ1
たまねぎ麹……小さじ1/2
アンチョビペースト……小さじ1/4

● 作り方

1. ベビーリーフは水洗いし、キッチンペーパーなどで水けをとる。
2. ボウルにAを入れ、1を加えて和える。

ピリ辛でストレス解消

PROCESS

30 MIN

1. 鶏肉を切って塩麹に漬けておく。鍋にお湯を沸かす
2. 野菜をすべて切る
3. 鶏肉に片栗粉をまぶしてゆで、冷やす
4. スープを完成させる
5. 冷ました鶏肉とおくらをソースで和える
6. チャーハンを完成させる

ガーリックチャーハン

にんにく麹と卵のシンプルチャーハン。

● 材料（2人分）

温かいご飯……お茶碗2杯分
卵……2個
にんにく麹……大さじ1と1/2
塩麹……小さじ2
しょうゆ……小さじ2
小ねぎ……1本
油……大さじ1
塩・こしょう……各少々

● 作り方

1. 卵は溶いて塩麹を入れておく。小ねぎは小口切りにする。
2. フライパンに油を熱し、にんにく麹を入れて強火で炒める。香りが立ったら卵を流し入れ、半熟になったら、ご飯を入れてよく炒める。

※麹に火が通ってから、温かいご飯を入れるとパラパラになります。

3. しょうゆを加えてさっと炒め、小ねぎを散らして塩・こしょうで味を調える。

おくらと水晶鶏のピリ辛和え

主菜の脇を締める辛さ。
麹と片栗粉のおかげで
しっとりした鶏肉になります。

● 材料（3～4人分）

鶏むね肉……1枚
(250g~ 300g)
塩麹……大さじ1
片栗粉……適量
おくら……1袋（100g）
A
しょうゆ麹……大さじ1
ごま油……大さじ1/2
酢……大さじ1/2
コチュジャン……小さじ1/2

● 作り方

1. 鍋にお湯を沸かす。鶏肉をそぎ切りにし、塩麹と和え10分おく。
2. 鶏肉に片栗粉をまぶし、1の沸騰したお湯で5分ゆでる。
3. 2を氷水に取り出して冷やしておく。
4. ボウルにAを入れてまぜる。おくらをゆでて、斜めに3等分し、Aに入れて和える。
5. 3の鶏肉をキッチンペーパーで水けをしっかりとり、4に加えて和える。

にらたまスープ

キムチの辛みと
麹の甘みが調和した甘辛スープ。
ボリュームある主役級。

● 材料（2人分）

にら……1/2袋
卵……1個
豚ひき肉……80g
キムチ……80g
にんにく麹……小さじ1/2
水……400ml
A
みりん……大さじ1/2
酒……大さじ1/2
塩麹……大さじ1と1/2
ごま油……大さじ1/2

● 作り方

1. 鍋にごま油を熱し、豚肉とキムチ、にんにく麹を炒める。
2. 1に水とAを加え、煮立ったらにらを加え、卵を溶いて入れる。

麹とフルーツの甘みだけの アイスクリーム

PROCESS

10 MIN

（冷凍時間を除く）

甘酒あいす

砂糖を使わない、
やさしい味わいのアイスクリーム。
生クリームとヨーグルトを使ってなめらかな口当たりに。

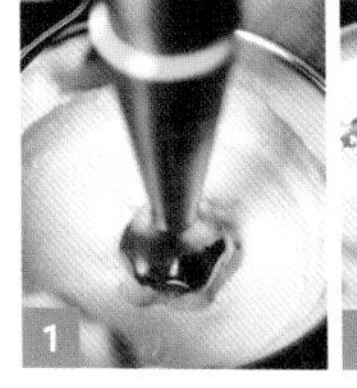

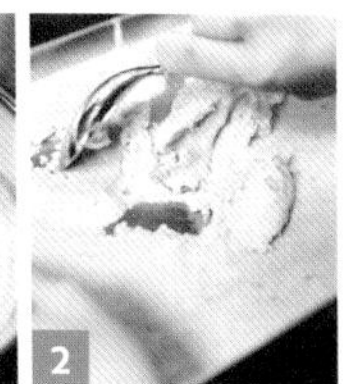

● 材料（2人分）

バナナ……1本
生クリーム……100ml
甘麹……大さじ3
ヨーグルト……大さじ2

● 作り方

1. 材料をすべてフードプロセッサーやブレンダーで撹拌し、なめらかになったらバットやタッパーに入れて冷凍庫で5時間冷やす。
2. 3時間たったら、よくかきまぜる。

ONEPOINT

甘じょっぱフレンチトースト（→122ページ）に添えて。

甘麹

PLUS COLUMN

麹生活

麹調味料や野菜が中心の生活になってから、しなくなったことがいくつかあります。
おなかが空いていなくても、食事の時間にごはんを食べることをしなくなりました。また以前は、チョコレートや甘いものをいつもバッグに入れて口寂しくなると、ちょこちょこ口に入れたりしていましたが、今は、夫も私もおなかが空いたら栄養のあるごはんをたっぷり食べています。それから、カロリーを考えることがなくなりました。たとえば、動物性食品を連日食べたら、翌日は消化によいものを食べて胃腸を休ませるようにする。自然と太ることもなくなり、体の声に耳を傾ける習慣ができるようになりました。

甘麹本来の甘さ おやつの作りおき

PROCESS

55 MIN

麹パウンドケーキ

甘麹とバナナの甘さが決め手。
しっとりモチモチな味わいです。

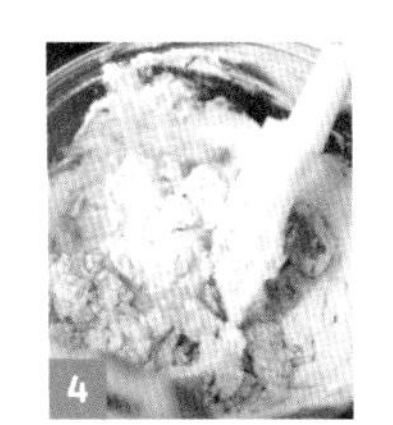
4

● 材料（2人分）

バナナ……2本
バター（無塩）……50g
A
甘麹……150g
卵……2個
米粉……150g
ベーキングパウダー……5g

ONEPOINT

冷凍庫で1か月保存。

● 作り方

1. オーブンを180度に予熱する。バターを常温に戻す。パウンド型にクッキングシートをしき込む。
2. ボウルにバターを入れ、白っぽくなるまでまぜる。
3. 2にAを加えてまぜる。
4. 3に米粉、ベーキングパウダーを加え、ゴムベラで切るようにさっくりまぜ、粗くつぶしたバナナを加えてまぜる。
5. パウンド型に4を流し、平らにならして真ん中にゴムベラでくぼみをつける。
6. 180℃のオーブンで40分焼く。

PLUS COLUMN

米粉と小麦粉

パウンドケーキでは、米粉を使いました。米粉は、小麦粉に比べて油の吸収率が低く、消化もいい。ふだんの料理にもよく使っていて、とろみをつける際にダマになりにくかったり、軽い食感の揚げ物ができたりと、実は料理が苦手な人こそ扱いやすい粉だと思います。
ちなみに、米粉は商品によって吸水率が異なります。小麦粉に慣れている方が米粉に置き換えて使う際は、吸水率の低いものをおすすめしています。吸水率の高い米粉だと、調理の際の水分調節がむずかしいのです（私は「オーサワの国産米粉」や共立食品の「米の粉」をよく使っています）。

小麦粉との向き合い方についても、少しお話しさせてください。もともとお米が大好きなので、おうちごはんのときはお米に比べるとパンの出番はとても少ないです。パンやパスタ、うどんなどを楽しむときは有機小麦や国産小麦のものを無理のない範囲で選んでいます。でも、友人と一緒に食事を楽しむときには何を食べるかよりも誰と食べるかを大切にするので、小麦の産地まで気にしません。こうしなきゃ！　とは思わず、そのときの自分が納得できる選択を自分で持つように心がけています。

定番ごはんを麹の力で わくわくする味に

PROCESS

1. ポタージュのにんじんを煮込む
2. ハンバーグだねを作ってフライパンで表面を焼き、オーブンに入れる
3. トマトを湯むきして和える
4. ポタージュをブレンダーにかける

包み焼き ハンバーグ

つなぎにパン粉、卵は使わなくても麹でふっくらジューシーなハンバーグができます。火加減をおまかせできるオーブンで肉汁を閉じ込めます。

● 材料（2人分）

牛豚あいびき肉……250g
たまねぎ……1/4個
たまねぎ麹……大さじ1
シュレッドチーズ……30g
ブロッコリー……適量
かぶ……適量
ハンバーグソース
A
ケチャップ……大さじ1
ウスターソース……大さじ1
甘麹……大さじ1/2
しょうゆ麹……大さじ1/2

● 作り方

1. たまねぎをみじん切りにする。ブロッコリーは食べやすい大きさに切る。かぶは皮をむいて食べやすい大きさに切る。
2. ソースを作る。ボウルにAを入れ、まぜ合わせる。
3. ボウルにひき肉とたまねぎ麹、1のたまねぎを入れ、粘りが出るまでまぜ合わせる。
4. 手に油（分量外）をぬり、3を2等分にして両手でキャッチボールをするように打ちつけて空気を抜き、小判形に成形する。真ん中をくぼませて、チーズを等分に入れる。
5. フライパンに油を熱し、4を入れ中火で表面に焼き目がつくまで加熱する。
6. アルミホイルに5とブロッコリー、かぶを入れ、ソースをかけて包み、190度のオーブンで25分加熱する。

4

6

にんじんのポタージュ

麹の旨みがにんじんのおいしさを
引き出してくれる、やさしいスープ。

● 材料（2人分）

にんじん……1本
バター……15g
塩麹……小さじ2
豆乳……150ml
水……80ml
塩・こしょう……各少々

● 作り方

1. にんじんをいちょう切りにする。鍋にバターを熱し、にんじんを加えて中火でしんなりするまで炒める。
2. 1に水、塩麹を加えて弱火～中火でふたをして10分加熱する。
3. 2をブレンダーにかけ、豆乳を加えて塩・こしょうで味を調える。

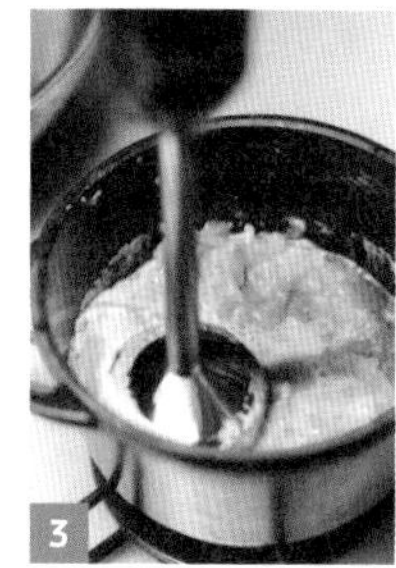
3

トマトのガーリックオイル和え

かんたんな湯むきと麹で和えるだけでいつものトマトサラダとまた違う味に。トマトの甘みと旨みをギュッと引き出します。

● 材料（2人分）

トマト……1個
A
にんにく麹……小さじ1
オリーブオイル……小さじ2

● 作り方

1. トマトはヘタをとり、つまようじをさして1か所に穴をあける。小鍋にお湯を沸かし、沸騰したら、トマトを入れる。
2. 30秒くらいで、穴のあいたところを起点に皮がゆるんだら、冷水にとる。湯むきして、6等分のくし形切りにする。
3. ボウルに2を入れ、Aを加えて和える。

肉も野菜もしっかり食べられる
充実のパワーごはん

PROCESS

(豚肉の漬け込み時間を除く)

1. 角煮の下準備をして煮込む
2. スープを作る
3. だいこんを揚げ焼きする

麹の角煮

麹で作るシンプルな角煮。
圧力鍋を使っていませんが、
ジューシーでお箸がスッと入るやわらかさに
仕上がります。

● 材料(2〜3人前)

豚バラ肉(ブロック)……300g
長ねぎ……1本分(青い部分)
しょうが……ひとかけ
塩麹……大さじ1と1/2
A
しょうゆ麹……大さじ2
酒……大さじ2
みりん……大さじ2
水……200ml
チンゲンサイ……1株(150g)
水……20ml

● 作り方

1. フライパンに水とチンゲンサイを入れてふたをし、30秒〜1分間蒸す。ザルにあげて冷ます。
2. 豚肉に塩麹をぬり、ラップをして1時間おく。
3. 1を食べやすい大きさに切る。
4. 鍋に2を入れてA、長ねぎ、しょうがを加え、落としぶたをして、弱火〜中火で1時間加熱する。

※落としぶたがないときは、アルミホイルをくしゃくしゃにして上にかぶせる。

1

もやしとキャベツのガーリック味噌スープ

野菜がたっぷり入ったおかずになるスープ。
たまにバターを入れて、味噌ラーメン風にしています。

● 材料（2人分）

キャベツ……1/6玉（200g）
もやし……1/4袋（50g）
味噌……大さじ1
しょうゆ麹……大さじ1
にんにく……1片
しょうが……1片
油……大さじ1/2
水……400ml
塩・こしょう……各少々

● 作り方

1. にんにく、しょうがはすりおろしておく。
2. 鍋にバターを熱し、キャベツ、もやし、1を加えて中火でさっと炒め、塩・こしょうをふる。
3. 1に水、しょうゆ麹を加え、野菜がしんなりしたら火を止める。
4. 味噌を溶かし入れる。

フライドダイコン

だいこんを揚げ焼き。
外はサクッと中はジュワッと。
お酒も進んでしまいます。

● 材料（2人分）

だいこん……180g
A
　しょうゆ麹……小さじ1
　にんにく麹……小さじ1
片栗粉……適量
B
　クリームチーズ……15g
　ゆずこしょう……小さじ1/4
　豆乳……大さじ1
油……大さじ4

● 作り方

1. だいこんを1cm角に切り、Aと和える。
2. フライパンに油を熱し、1に片栗粉をまぶして中火で揚げ焼きする。
3. ボウルにBを入れてまぜ合わせる。
4. 3に2を入れて軽くまぜる。

塩麹
しょうゆ麹
にんにく麹

塩麹としょうゆ麹が決め手。
好きな具材をたっぷり入れて

PROCESS

(牛すじの調理時間はのぞく)

1. おでんだねの下ごしらえをする
2. 出汁をとる
3. たねを入れて煮込む

発酵おでん

おでんのもとがいらない、
出汁と麹の最強スープ。

材料 (4人前)

鶏手羽先……5本
だいこん……1/2本
卵……4個
たこ……100g
板こんにゃく……1枚
牛すじ……100g
厚揚げ……1枚

おでんつゆ

昆布……10g
かつお節……30g
水……1500ml

A
しょうゆ麹……大さじ4
塩麹……大さじ1
オイスターソース……大さじ1
酒……30ml
みりん……30ml

※出汁をとる時間がないときは、昆布とかつお節の代わりに出汁パック(2個)で作ってください。

● 作り方

1. 鍋に水、昆布を入れる。30分ほどたったら火にかけ、沸騰直前に昆布を取り出す。
2. 1にかつお節を入れ弱火で5分ほど煮出して、濾す。
3. 2にA、おでんだねを加えて沸々してきたら、弱火で30分加熱する。

おでんだねの下ごしらえ

卵

● 作り方

1. ゆで卵を作る。鍋に水、卵を入れて8分ゆでる。
※卵は水から作るほうが、温度差がなくひび割れしにくい。
2. 氷水で冷やしておく。

鶏手羽先

● 作り方

1. 食べやすいように手羽先の関節部分を切り落とし、沸騰したお湯に入れて弱火で15分加熱する。
2. ザルにあげ、ぬるま湯で固まっている血などを取り除く。

たこ

● 作り方

1. 食べやすい大きさに切り、串を打つ。

厚揚げ

● 作り方

1. 熱湯をかけて油を抜き、三角形に切る。

板こんにゃく

● 作り方

1. 三角形に切り、2~3mm幅で深さ2mm程度の切り込みを数本入れる。
2. 向きを変えて格子状になるように同様に切り込みを入れる。
3. 鍋にお湯を沸かし、2を入れてアク抜きをする。

だいこん

● 作り方

1. 皮をむき、面取りをする。
2. 鍋にお湯を沸かし、約15分ゆでる。

牛すじ

● 材料

牛すじ……500g
しょうが（皮つきのまま薄切りにする）……1片
長ねぎ（青い部分）（5cm幅に切る）……1本

ONEPOINT

煮くずれしやすい具材は、最後のほうに入れてください。

● 作り方

1. 鍋に牛すじと水を入れ、強火にかける。沸騰したら火を弱め2~3分ゆでて、アクをとる。
2. 1をザルにあげ、ぬるま湯で牛すじのアクや汚れを洗う。
3. ゆでこぼしに使った1の鍋を洗い、2とたっぷりの水、しょうが、長ねぎを入れ、強火で煮立たせる。沸騰したら火を弱め1時間ほど加熱する。アクが出たら取り除く。途中でお湯が減ってきたら差し湯する。
4. 3をザルにあげ、再びぬるま湯で牛すじのアクや汚れを洗う。
5. 食べやすい大きさに切る。
※下処理した牛すじをすぐに使わない場合は、冷凍する（約1か月保存可）。

ごちそう腸活メニュー

PROCESS

（豚肉の漬け込み時間を除く）

1. メニューの野菜を切る。とろろを作る
2. チヂミを焼く
3. 牛肉と水菜を炒めてとろろをかける

牛肉と水菜の甘辛煮とろろがけ

甘辛く煮た牛肉&ふんわりとろろが好相性。

● 材料（2人分）

牛こま切れ肉……160g
水菜……2株
A
しょうゆ麹……大さじ2
たまねぎ麹……小さじ1
酒……大さじ1
ながいも……長さ6cm
油……大さじ1/2

● 作り方

1. ボウルに牛肉とAを入れて漬けて5分おく。水菜をひと口大に切る。ながいもをすりおろす。
2. フライパンに油を熱し、1の牛肉を入れて中火で火が通るまでよく炒める。
3. 2に水菜を加えてさっと炒めたら、器に盛りつけとろろをかける。

ONEPOINT

水菜は、カルシウム、鉄、マグネシウムなどのミネラルやビタミンが豊富で、免疫力を上げる、骨を丈夫にするスーパー野菜です。生のままたれと和えたり、蒸したりゆでたりしています。

じゃがいもと桜エビと海苔のチヂミ

じゃがいもがたくさんあったらぜひ。
桜エビと海苔の風味がいっぱいの
お好み焼き。

● 材料（2人分）

じゃがいも	2個
桜エビ（乾燥）	大さじ5
片栗粉	大さじ3
塩麹	大さじ2
海苔	適量
油	大さじ1

● 作り方

1. じゃがいもは、皮をむいて細切りにする。
2. ボウルにじゃがいもと塩麹、桜エビを入れてよくまぜる。
3. 海苔を5cm角の正方形に切り、2を数個に分けて包む。フライパンに油を熱し、中火で2分焼く。
4. 中火のまま、3をひっくり返して、ふたをして2分蒸し焼きにする。

切り干しだいこんとささみのスープ

切り干しだいこんの出汁と麹の和スープ。
乾物の奥深さがしみます。

● 材料（2人分）

鶏ささみ肉	2本
チンゲンサイ	1株（150g）
切り干しだいこん（乾燥）	7g
水	400ml
A	
たまねぎ麹	大さじ2
しょうゆ	小さじ1/4

● 作り方

1. チンゲンサイ、鶏肉をひと口大に切る。切り干しだいこんを水（分量外）で戻し、食べやすい大きさに切っておく。
2. 鍋に水を入れて鶏肉、切り干しだいこんを加え、沸騰したらアクをとる。
3. 2にAとチンゲンサイを加え、チンゲンサイに火が通ったらできあがり。

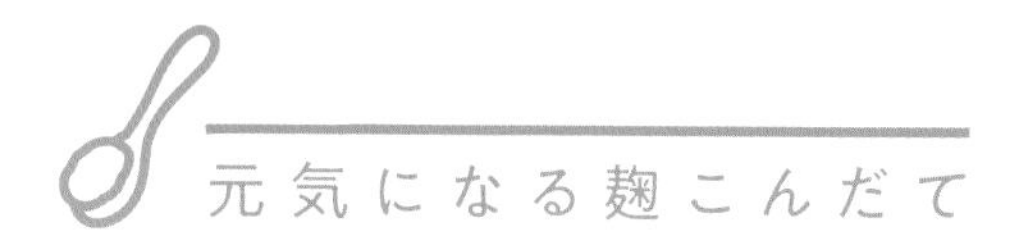

からだを温めて元気になる
ガーリックメニュー

PROCESS

30 MIN

（かぶを漬ける時間を除く）

1. メニューすべての野菜を切る。エビを洗う
2. かぶのガーリックレモン漬けを作る
3. スープを作る
4. あんかけチャーハンを作る

エビと白菜のあんかけチャーハン

麹の出汁がしみた白菜とプリプリエビとあんの組み合わせが楽しい。からだが温まります。

● 材料（2人分）

ご飯……お茶碗2杯分
卵……1個
白菜……50g
ムキエビ……70g
にんにく麹……小さじ1
A
にんにく麹……小さじ1
酒……小さじ1
B
しょうゆ麹……大さじ1と1/2
にんにく麹……小さじ2
塩・こしょう……各少々
水……250ml
片栗粉……大さじ1
水……大さじ1
油……大さじ1
糸唐辛子……適量（お好みで）

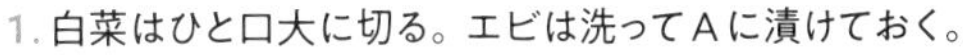

● 作り方

1. 白菜はひと口大に切る。エビは洗ってAに漬けておく。
2. フライパンに油を熱し、にんにく麹を入れて中火にし、卵を溶き入れる。ご飯を加えてまぜ合わせ、器に盛る。
3. 同じフライパンでエビを中火で炒め、白菜を加えてしんなりするまで炒める。
4. 3にBを加えて、ひと煮立ちしたら水で溶いた片栗粉を加えてとろみをつける。
5. 温かいご飯の上に4をかける。お好みで糸唐辛子を添える。

かぶのガーリックレモン漬け

無限のガーリック&レモン。かぶが出回る季節にたくさん作って常備菜にしています。

● 材料（2人分）

かぶ……1/2個（100g）
A
塩麹……大さじ1
レモン汁……小さじ2
にんにく麹……小さじ1

● 作り方

1. かぶは八つ割りにして、1mm幅の薄切りにする。
2. ボウルに1を入れ、Aを加えて和える。最低1時間おいたらできあがり。

豚とごぼうのねぎまみれスープ

たまねぎ麹が全体をまとめてくれる中華風スープ。ごぼうを香ばしく焼いてからスープに入れます。

● 材料（2人分）

豚こま切れ肉……80g
ごぼう……1本
長ねぎ……3本
しょうが……5g
A
たまねぎ麹……大さじ2と1/2
酒……大さじ1
塩……ひとつまみ
水……400ml
ごま油……大さじ1/2

● 作り方

1. 豚肉をひと口大に切る。ごぼうは洗って皮をむき4cm長さの斜め薄切りにする。長ねぎは小口切りにする。しょうがはみじん切りにする。
2. 鍋にごま油を熱し、中火でごぼうに焼き目がつくまで炒めたら豚肉を加え、色が変わるまで炒める。
3. 2に水とAを加え、ひと煮立ちさせる。
4. 1の長ねぎ、しょうがを加えてまぜ合わせる。

からだを冷やさず、燃焼しやすいからだに

PROCESS

15 MIN

（サラダチキンのゆで時間はのぞく）

1. サラダチキンを作る
2. スープを作る
3. サラダを作る

満腹コブサラダ

しっとりやわらかいサラダチキンと
麹ドレッシングで、
飽きずに野菜を食べられます。

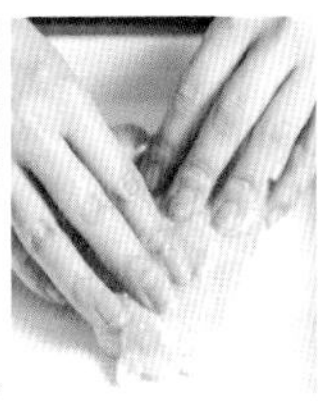

● 材料（2人分）

鶏むね肉	300g
塩麹	大さじ1
レタス	1/4袋（25g）
アボカド	1/2個
トマト	1/4個
ひじき（水煮したもの）	20g
さつまいも	1/4本

ドレッシング

甘麹	小さじ2
オリーブオイル	小さじ2
にんにく麹	小さじ1
酢	小さじ1
マヨネーズ	小さじ1

● 作り方

1. サラダチキンを作る。鶏肉に塩麹をもみ込み、ポリ袋に入れる。
2. 鍋にお湯を沸かし、沸騰したら1を入れて2分ゆでる。火を止め、ふたをして1時間おく。
3. さつまいもは1cm角に切り、ラップに包んで電子レンジで2分加熱する。トマトは1cm角に切る。アボカドは皮をむいて食べやすい大きさに切る。サラダチキンはひと口大に切る。
4. 器に食べやすい大きさにちぎったレタス、ひじきを入れ、3を盛りつける。
5. ドレッシングを作る。ボウルにドレッシングの材料を入れ、まぜ合わせる。4にかけていただく。

きざみ昆布とくずし豆腐の梅スープ

梅としょうゆ麹だけで味が決まる。
やさしくからだを目覚めさせます。

● 材料（2人分）

きざみ昆布（乾燥）	15g
豆腐	1/2丁
梅干し	1個
水	400ml

A

塩麹	大さじ1
しょうゆ麹	小さじ1/2

片栗粉	大さじ1
水	大さじ1
ごま油	小さじ1

● 作り方

1. 梅干しは種をとり、4等分にする。
2. 鍋に1、きざみ昆布、豆腐、Aを入れて中火にかける。
※豆腐は丸ごと鍋に入れてスプーンなどでくずす。
3. 豆腐が中まで温まったら、水で溶いた片栗粉を加えてとろみをつける。
4. 3にごま油を入れる。

ダイエットで偏りがちになる栄養バランスを整える

PROCESS

1. 厚揚げを切る
2. こんにゃくをスプーンでちぎる
3. 厚揚げを両面焼く。その間にまいたけとこんにゃくを炒め、味つけする
4. あんかけを作る

塩麹

しょうゆ麹

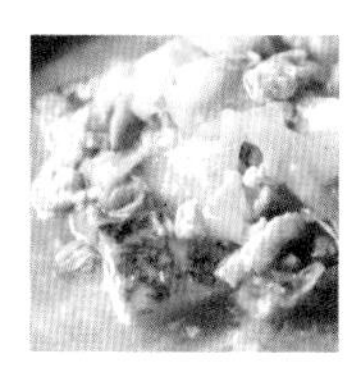

厚揚げとレタスのあんかけ

ヘルシーな厚揚げと鶏肉にあんかけでボリュームアップ。

● 材料（2人分）

厚揚げ……1枚
レタス……3枚
A
鶏ひき肉……50g
塩麹……小さじ2
しょうが……1片
片栗粉……小さじ1
水……150ml・小さじ1
ごま油……大さじ1/2

● 作り方

1. 厚揚げは6等分にする。しょうがはみじん切りにする。フライパンに厚揚げを入れ、火でカリッとするまで焼いて取り出す。
※油は入れなくてOKです。
2. 同じフライパンにごま油を熱し、Aを入れて中火で炒める。
3. 2に水（150ml）を加えて、水（小さじ1）で溶いた片栗粉でとろみをつける。ちぎったレタスを加えてさっと炒める。
4. 器に厚揚げを盛り、3をかける。

まいたけとこんにゃくのおかか煮

ヘルシーながら、しょうゆ麹でコクを出して食べごたえのある味にします。

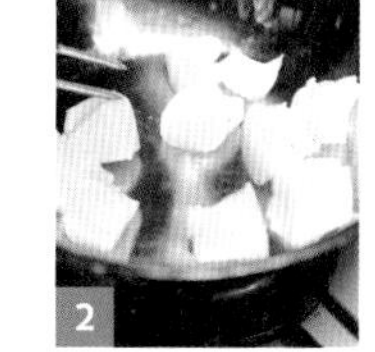
2

● 材料（2人分）

板こんにゃく……100g（約1/2枚）
まいたけ……100g（1パック）
A
酒……大さじ1
みりん……大さじ1
しょうゆ麹……大さじ1/2
かつお節……2g

● 作り方

1. こんにゃくをスプーンでちぎる。まいたけをほぐしておく。
2. フライパンにこんにゃくを入れて、中火でキュッキュッと音がするまでから煎りする。
3. 2にまいたけとAを加えてふたをし、中火で3分蒸し焼きにする。
4. 器に盛り、かつお節をかける。

麹の旨みだけで満足感アップ!

PROCESS

1. すべての野菜を切る
2. あさりとキャベツを煮込む
3. いも煮を作る

あさりとたっぷりキャベツのうま煮

あさりの出汁にからんだクタクタキャベツです。
あさりに厚揚げやきのこをプラスすれば、食べごたえが増します。

● 材料（2人分）

キャベツ……150g
あさり……250g
A
酒……大さじ3
塩麹……大さじ1と1/2

● 作り方

1. ボウルにあさりを入れて、流水でこすり洗いをし、砂抜きをしておく。キャベツはざく切りにする。
2. フライパンに1とAを加えて火にかけ、ふたをして中火で7分加熱する。

いも煮

豚肉・味噌・さといもマストな仙台の郷土料理。
麹でワンランク&ボリュームアップしています。

● 材料（2人分）

豚肉（バラ肉またはこま肉）……80g
さといも……3個
にんじん……小1/2本
板こんにゃく……100g（約1/2枚）
長ねぎ……1/3本
ごぼう……1/3本
味噌……大さじ3
A
塩麹……大さじ2
甘麹……大さじ2
水……500ml
ごま油……大さじ1/2

● 作り方

1. さといもは6等分にする。にんじんはいちょう切りにする。板こんにゃくは薄切りにする。長ねぎとごぼうは斜め薄切りにする。
2. 鍋にごま油を熱し、ごぼうを入れて焼き目がついたら、豚肉、にんじん、こんにゃく、長ねぎ、さといもの順で加え中火で炒める。
3. 2に水とAを加えてふたをして、具材がやわらかくなるまで煮込む。途中でアクをとる。
4. 火を止め、味噌を加える。

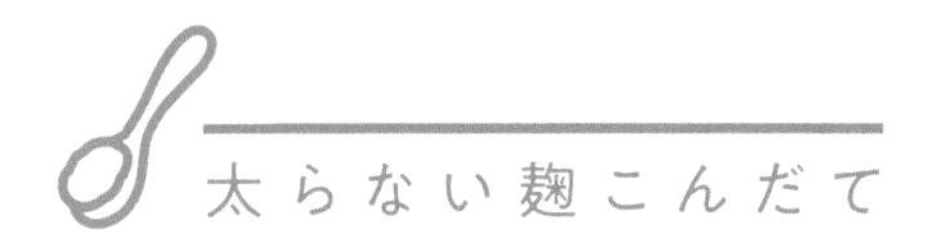

しっかり下味をつけた ヘルシーなボリュームメニュー

PROCESS

25 MIN

1. 鶏肉に下味をつける
2. ほうれんそう、れんこんを切る。だいこんおろしを作る
3. 鶏肉を焼く間に、ほうれんそうとれんこんを炒める
4. なめことだいこんおろしを加えて煮込む

鶏となめこのみぞれ煮

鶏むね肉のレシピはレパートリーが少ないのですが、だいこんとなめこの相性がよくて、よく作っています。おろし煮はデトックスにもなります。

● 材料（2人分）

鶏むね肉……1枚（300g）
A
塩麹……大さじ1
マヨネーズ……大さじ1
片栗粉……適量
なめこ……100g
だいこん……150g
B
しょうゆ麹……大さじ1と1/2
みりん……大さじ1と1/2
塩麹……小さじ1
水……50ml
油……大さじ1

● 作り方

1. 鶏肉をひと口大に切り、ボウルに入れてAを加え5分漬けておく。
2. だいこんをすりおろし、ボウルに入れてBとまぜる。
3. 1に片栗粉をまぶす。フライパンに油を熱し、鶏肉を中火で2分焼き、皿に取り出す。
4. 同じフライパンになめこと2を加えてひと煮立ちさせたら、3を戻しさっとまぜる。

ONEPOINT

なめこは水溶性食物繊維やビタミン、カリウムが豊富で腸内環境をよくする食品ですが、なめこそのものは消化がいい食材ではないので、消化を助けるだいこんとの組み合わせはぴったりです。

ほうれんそうとれんこんのアーリオ・オーリオ

にんにく麹のやわらかい風味が野菜にしっかりなじみます。アーリオ・オーリオで濃い野菜をたっぷり食べたい。

● 材料（2人分）

ほうれんそう……1袋（200g）
れんこん……1節（170g）
A
生しらす……10g
白ワイン……大さじ1
にんにく麹……小さじ1
しょうゆ……小さじ1
オリーブオイル……小さじ2

● 作り方

1. ほうれんそうは3cm長さに切る。れんこんは3mm幅のいちょう切りにする。
2. フライパンにオリーブオイルを熱し、れんこんを入れて中火で焼く。焼き目がついたら、ほうれんそうを加えてさっと炒める。
3. 2にAを加えてまぜ合わせる。

きのこざんまいで
デトックス

PROCESS

20 MIN

1. 鶏だんごのスープを作る
2. エリンギを焼く

鶏だんごのトマトスープ

具だくさん、栄養も満点。ひき肉は、スプーンでだんごのように丸めながら鍋に入れます。形や大きさはお好みで。丸くしなくってもOKです。

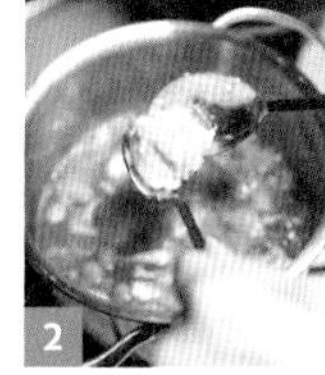
2

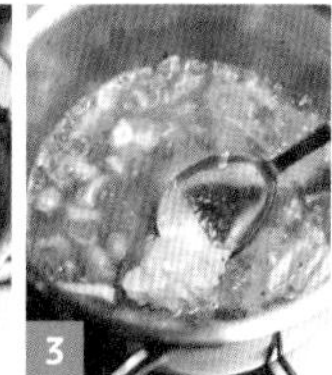
3

● 材料（2人分）

鶏ひき肉……250g
しめじ……1/2パック（50g）
えのきだけ……1/2パック（50g）
セロリ……1/2本（葉の部分を除く）
塩麹……大さじ1と1/2
たまねぎ麹……大さじ1と1/2
塩・こしょう……各少々
A
トマト缶……150g
水……400ml

● 作り方

1. えのきだけの軸を取り除いて、みじん切りにする。
2. ボウルに鶏肉を入れ、1、塩麹を加えてまぜ合わせる。
3. セロリを1cm幅に切る。しめじをひと口大に切る。
4. 鍋にAを入れ、セロリ、しめじを加える。煮立ったら、鶏肉をスプーンで落とす。
5. 4にたまねぎ麹を加えてまぜ、塩・こしょうで味を調える。

エリンギのソテー

焦げないようにさっと焼くだけ。きのこの旨みと歯ごたえを味わえます。あと一品ほしいときにも!

材料（2人分）

エリンギ……1本
A
しょうゆ麹……小さじ1
にんにく麹……小さじ1/2
油……大さじ1/2

● 作り方

1. エリンギを縦に4等分にする。
2. フライパンに油を熱し、エリンギを並べAを加える。中火で両面を焼く。

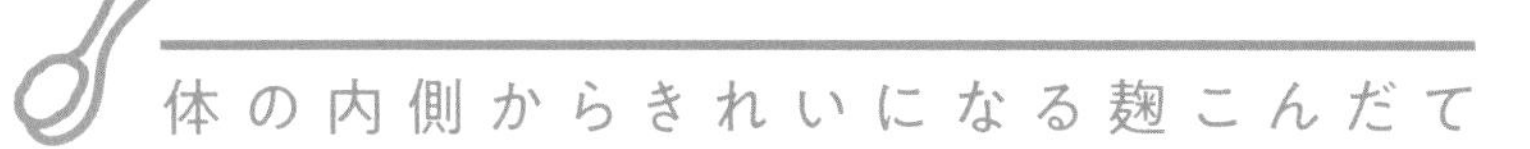

栄養のある食材を
余さずフル活用

PROCESS

1. ピーマンの肉詰めを作り、煮込む
2. だいこんをひらひらにして味つけをする
3. スープを作る

くたくたピーマンの肉詰め

ピーマン丸ごと使って、縦に肉だねを詰めます。
ピーマンと肉だねがはがれる心配がありません。
肉汁も余すことなく閉じ込められます。

3

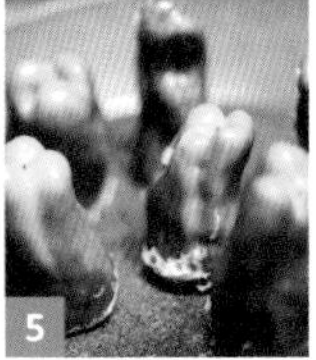
5

● 材料（2～3人分）

ピーマン……6個（約160g）
牛豚あいびき肉……150g
たまねぎ……1/4個
たまねぎ麹……大さじ1
米粉……大さじ2

A
出汁パック……1個
しょうゆ麹……大さじ2
みりん……大さじ2
酒……大さじ1
水……200ml

● 作り方

1. たまねぎはみじん切りにする。ピーマンのヘタの部分を切り、種をとる。
2. ボウルにあいびき肉とたまねぎ麹、1のたまねぎを入れてまぜ合わせる。
3. ピーマンに2を詰める。半分入れたらトントンと肉だねを押し込むようにたっぷり入れる。
4. 肉だねとピーマンの皮のつなぎ目に米粉をまぶす。
5. フライパンに油を熱し、4を米粉がついているほうを下にして中火で焼く。
6. 全体に焼き目がついたらAを加え、落としぶたをして弱火で約15分煮込む。

※落としぶたがないときは、アルミホイルをくしゃくしゃにしたものをかぶせる。

ひらひらだいこんの梅じょうゆ和え

ピーラーで削っただいこんに
味がしっかりしみ込みます。
おつまみにも合います。

● 材料（2人分）

だいこん……8cm
かつお節……1.5g

A
しょうゆ麹……小さじ1/2
ごま油……大さじ1/2

梅干し……1個

● 作り方

1. だいこんは皮をむき、ピーラーで薄切りにする。梅干しは種をとり、包丁の背などでたたく。
2. ボウルに1とAを入れてまぜ合わせ、かつお節を加えて和える。

レタスの腸活スープ

わが家のデトックススープ。
追いレタスもしています。

● 材料（2人分）

豚こま切れ肉……150g
卵……2個
レタス……小1/2個（140g）

A
塩麹……大さじ2
みりん……大さじ2
しょうゆ麹……大さじ1と1/2
酒……大さじ1

水……800ml
ごま油……大さじ1/2
いりごま……少々

● 作り方

1. レタスを洗って水けを切り、手でちぎっておく。ボウルに卵を割り入れ、溶いておく。
2. 鍋にお湯を沸かし、豚肉を弱火～中火でゆでる。アクが出てきたら取り除き、Aを加える。
3. 中火～強火にして卵を入れ、火が通ったらレタスを加える。
4. 3にごま油を回し入れる。
5. 器に盛り、いりごまをふる。

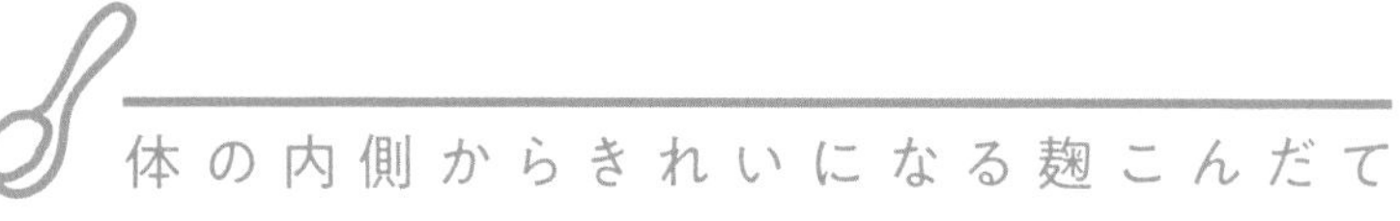

麹の塩けが絶妙。
おうちでできる本格ポッサム

HAY

PROCESS

(豚肉の漬け込み時間を除く)

1. ポッサムを作る
2. ゆで汁でスープを作る

ポッサム+ サンチュ、キムチ、ねぎ、きゅうり、にんじん

ほったらかしで、
しっとりプルプルしたゆで豚が完成。
野菜はあるものを添えて。

● 材料(2～3人分)

ポッサム

豚バラ肉(ブロック)	500g
塩麹	大さじ2
しょうが	1かけ
長ねぎ(青い部分)	1本分

野菜

長ねぎ(白い部分)	1/2本分
サンチュ	約10枚
きゅうり	1/2本
にんじん	1/2本
キムチ	30g
水	1000ml

たれ

A

ポッサムのゆで汁	大さじ1
味噌	大さじ1
しょうゆ麹	大さじ1/2
酢	大さじ1/2
ごま油	大さじ1/2
てんさい糖	小さじ2
すりごま	小さじ1
コチュジャン	小さじ1

(辛いのが苦手な方は調整してください)

● 作り方

1. 豚肉にフォークで数か所刺して穴をあけて塩麹をまんべんなくぬり、ラップで包み一晩おく。
2. 鍋に水を入れ、豚肉、しょうが、長ねぎの青い部分を入れて中火で煮立てる。ふたをして、弱火で約30分煮る。豚肉を取り出し、粗熱がとれるまで、乾燥しないようキッチンペーパーなどに包んでおく。
3. きゅうり、長ねぎの白い部分を細切りにする。にんじんは皮をむいて細切りにする。
4. サンチュは洗って、キッチンペーパーなどで水けをとる。
5. たれを作る。ボウルにAを入れてよくまぜ合わせる。
6. 2の豚肉の粗熱がとれたら、ひと口大に切る。
7. 器にポッサム、野菜、キムチを盛り合わせる。

ONEPOINT

「ポッサム」とは、韓国語で「包む」という意味。ゆでた豚肉を、薬味や調味料を野菜で巻いて食べる韓国料理です。
簡単だけどインパクト抜群なので、友人が遊びに来たときによく作っています。
豚肉は、麹の酵素パワーで、しっとりジューシーに仕上がります。1日程度塩麹に漬けたほうがよりしっとりしておいしいのですが、早く作りたいときは、冬場は1時間、夏場は30分程度常温で漬けてください。

しじみスープ

ポッサムのゆで汁を出汁にして作ります。
ストックしておいて、
いろいろなスープにして楽しんでいます。

● 材料（2人分）

ポッサムのゆで汁……400ml
しじみ……150g
卵……1個
A
しょうゆ麹……大さじ1
酒……大さじ1

● 作り方

1. ボウルにしじみを入れて、流水でこすり洗いをし、砂抜きをしておく。
2. ポッサムのゆで汁に、しじみ、Aを入れて中火で煮立てる。
3. 卵を溶き入れて、火を止める。

PLUS COLUMN

来客の多い家

わが家は来客がとっても多い!　のです。家づくりをするときのテーマの一つが、「人がたくさん集まる家」でした。おしゃべりが楽しめるように、テレビはあえてダイニングから見えなくしたりダイニングテーブルは大人数でも座れるように丸テーブルにしたり。
そして、みんなでおいしいものを食べたい。手作りごはんをみんなで食べると、温かい気持ちになるんです。料理をさほどしていなかったときは、人にごはんをふるまうなんて……と思いましたが、麹に出会ってからは、おもてなしのハードルが下がりました。手をたくさんかけなくても簡単でおいしく、からだにやさしい。麹ごはんでみんなに健康になってほしい。そんな思いで作っています。

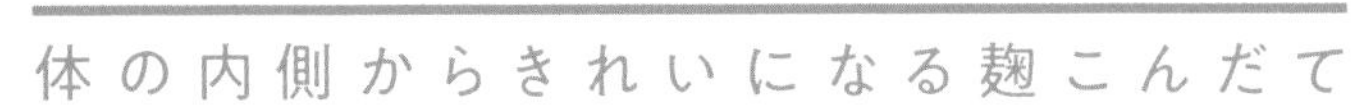

砂糖を使わない割り下で お肉を引き立てる

PROCESS

PLUS COLUMN

砂糖のこと

料理に甘みをつけるときは、甘麹やみりん、てんさい糖を使っています。みりんはアルコール成分を含むので、味をしみ込ませたいときや旨みを出したいとき、ドレッシングのように火を通さないもの、卵とじ、肉じゃがなどには甘麹を使っています。
甘麹は水分があるので水分が合わないような料理にはてんさい糖を使います。てんさい糖は、腸を整えてくれるオリゴ糖が含まれています。オリゴ糖は整腸作用や腸内細菌を増やす作用があり、おなかの調子を整えてくれる糖質です。
※白扇酒造株式会社「福来純　本みりん」
※ホクレン「てんさい糖」

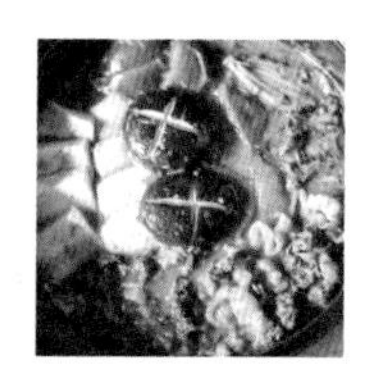

甘麹のすきやき

トマトで酸みをプラスしてコクを出します。
お好みでモッツアレラチーズを加えて。
ごはんも進みます。

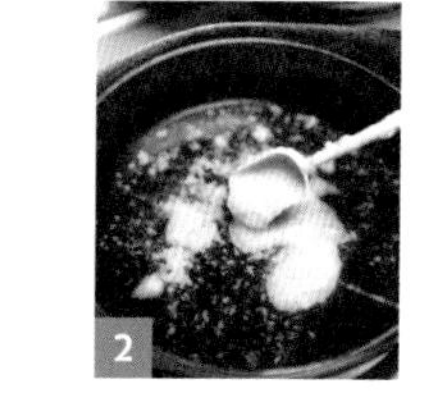
2

● 材料（2人分）

牛肉（すきやき用）……120g
トマト……1個
豆腐……1/2丁
春菊……1/3袋（50g）
しいたけ……2個

A
酒……50ml
みりん……50ml

B
しょうゆ……50ml
甘麹……大さじ4

油……大さじ1/2

● 作り方

1. 鍋にAを入れ、強火にかける。
2. 火を止めて、Bを入れて中火にかけて温める。
3. トマトはくし形切りにする。春菊、豆腐は食べやすい大きさに切る。
4. 鍋に油を熱し、牛肉を焼き、2の割り下を入れる。トマト、豆腐、しいたけ、春菊を加え、火を通していただく。

甘麹

STAUB

小さい頃食べたグラタンを
大人向けにアップデート

PROCESS

1. 白身魚に下味をつける
2. バーニャカウダの野菜を切る、れんこんをすりおろす
3. 魚を焼き、ホワイトソースを作ってグラタンをトースターで焼く
4. ポタージュを作り、煮込む間にソースを作る

たらと明太の親子グラタン

麹だけで味つけ。明太子をアクセントにした変わり種のグラタン

● 材料（3～4人分）

たら……200g
明太子……1本
ほうれんそう……1/2袋（50g）
たまねぎ……1/4個
シュレッドチーズ……50g
豆乳……200ml
塩麹……小さじ1・大さじ1/2
米粉……適量・大さじ2
バター……15g・20g
水……500ml

● 作り方

1. たらをひと口大に切り、塩麹（小さじ1）と米粉（適量）をまぶす。たまねぎを繊維に沿って薄切りにする。
2. フライパンにバター（15g）を入れ、弱火にかける。バターが溶けたら、たらを皮目から片面3分ずつ弱火～中火で焼いて、お皿に取り出す。
3. 鍋に水を入れて中火にかけ、ほうれんそうをゆでる。
4. 3の水けをとり、ひと口大に切る。
5. ホワイトソースを作る。フライパンにバター（20g）を入れて弱火にかけ、1のたまねぎを加えてクタッとしたら、米粉（大さじ2）、塩麹（大さじ1/2）を加えてまぜる。とろみがついたら豆乳を少しずつ入れ、ほぐした明太子を加える。
6. 耐熱皿に2と4を入れ、5をかける。シュレッドチーズをのせて、トースターでチーズに焼き目がつくまで240℃で10分焼く。

5

麹バーニャカウダ

旨みのあるソースでたくさんの野菜を食べられます。
野菜は、体を冷やさないよう蒸し煮にします。

● 材料（3～4人分）

野菜……お好みで
だいこん……3cm
かぶ……小1個
にんじん……1/3本
さといも……1個
なす……1/4本
ブロッコリー……1/6個（30g）
ごぼう……5cm

ソース
A
ヨーグルト……大さじ1
オリーブオイル……大さじ1
にんにく麹……小さじ2
アンチョビペースト……小さじ1

● 作り方

1. 野菜は食べやすい大きさに切って、蒸す。
2. ソースを作る。ボウルにAを入れてまぜ合わせる。

れんこんときのこのポタージュ

れんこんのすりおろしだけでとろみづけ。肌をきれいにするビタミンCが豊富なれんこんを余すことなく使います。

● 材料（2人分）

れんこん……100g
たまねぎ……1/4個
しめじ……40g
塩麹……小さじ1・大さじ1
豆乳……200ml
水……200ml
オリーブオイル……大さじ1/2
粉チーズ……大さじ1

● 作り方

1. れんこんを半分に切り、3mm幅のいちょう切りにする。半分はすりおろす。たまねぎを繊維に沿って細切りにする。しめじをほぐす。
2. 鍋にオリーブオイルを熱し、れんこんとたまねぎ、しめじ、塩麹（小さじ1）を加え中火で炒める。
3. 2に水と塩麹（大さじ1）を加えて、中火で煮込む。
4. 3に豆乳と1のおろしれんこんを加えて、沸騰させないよう中火で約2分加熱する。
5. 4をよくまぜ、粉チーズをかける。

和の素材を使った洋食メニュー。ワインをおともに

PROCESS

1. 食材をすべて切る
2. リゾットを煮込む
3. イカとブロッコリーのガーリック和えを作る
4. キャロットラペを作る

イカとブロッコリーのガーリック和え

定番の組み合わせ、イカ&ブロッコリーに
さっと和えた麹がアクセント。
ブロッコリーは少しかためにゆで、水けを切ると
味が締まります。

● 材料（2人分）

イカゲソ……200g
ブロッコリー……1/2個（100g）
にんにく麹……大さじ1
タカノツメ……1本
オリーブオイル……大さじ1と1/2

A
オリーブオイル……大さじ1
しょうゆ麹……大さじ1
甘麹……小さじ1
酢……大さじ1/2

● 作り方

1. イカをひと口大に切る。ブロッコリーはゆでておく。ボウルにAを入れてまぜておく。
2. フライパンにオリーブオイル、タカノツメを入れて中火で熱し、イカとにんにく麹を加えて炒める。
3. 2にブロッコリー、Aを加えてまぜ合わせる。

きのこたっぷり和風クリームリゾット

お米をアルデンテにした
しっかりめのリゾット。
隠し味に味噌を使います。

● 材料（2人分）

米……2合
マッシュルーム……1パック（100g）
えのき……1/2袋（50g）
しめじ……1/2袋（50g）
A
水……300ml
豆乳……300ml
たまねぎ麹……大さじ2と1/2
味噌……小さじ1
オリーブオイル……大さじ1
黒こしょう・粉チーズ……適量（お好みで）

● 作り方

1. きのこ類は、食べやすい大きさに切る。
2. フライパンにオリーブオイルを熱し、米を加えて透き通るまで炒める。
3. 2に1とAを加えてふたをして、ときおりゆすりながら20分加熱する。
4. 水分がなくなり、米が少しかたいくらいで味噌を入れてまぜ合わせる。
5. 器に盛り、お好みで黒こしょう、粉チーズをかける。

みかんのキャロットラペ

にんじんの甘みとみかんのさわやかな酸みがマッチ。
ビタミンで免疫力を上げます。

● 材料（2人分）

にんじん……1本
みかん……1個
A
オリーブオイル……大さじ1
たまねぎ麹……小さじ2
マスタード……小さじ2
酢……小さじ1
はちみつ……小さじ1/2

● 作り方

1. にんじんは細切りにする。みかんは甘皮をむいておく。
2. ボウルにAを入れてまぜ合わせる。
3. 2に1を入れて和える。

ちょこっと小腹を満たしたい

PLUS COLUMN

スピーディに栄養補給ができる「発酵おにぎり」

麹おにぎりは、塩分を適度に補給でき、発酵の力も同時に取り入れることができます。おにぎりに合わせるたれは、一度火を通します。酒やみりんのアルコールをとばすのと同時に麹の酵素の働きを止めます。
麹や味噌などの発酵調味料をそのままご飯にまぜると、でんぷんを分解する酵素（アミラーゼ）やたんぱく質を分解する酵素（プロテアーゼ）の働きで、お米がパラパラになってしまいます。火を通して酵素の活性化を止めてからまぜれば、ぎゅっとにぎりやすくなります。

わかめとちりめんじゃこと小松菜のおにぎり

小学校の給食で大好きだったわかめご飯をアレンジしました。

2

● 材料（2人分）
- ご飯……お茶碗2杯分
- 小松菜……1束（30～50g）
- ちりめんじゃこ……大さじ1
- わかめ（乾燥）……小さじ2
- A
  - 塩麹……大さじ1/2
  - 酒……大さじ1/2
- 塩……少々
- 水……400ml

● 作り方
1. フライパンに水と半分に切った小松菜を入れてふたをし、30秒～1分間蒸す。ザルにあげて冷まし、水けを絞ってみじん切りにする。わかめを水で戻し、みじん切りにする。
2. 鍋にAを入れて中火にかけ、アルコール分をとばす。
3. ボウルにご飯を入れて1、2、ちりめんじゃこを加え、混ぜ合わせる。おにぎりにする。

おかかとチーズのおにぎり

チーズと麹でコクがアップ。ボリュームおにぎりです。

材料（2人分）
- ご飯……お茶碗2杯分
- プロセスチーズ……1切れ（ベビーチーズ1個分）
- かつお節……2g
- A
  - しょうゆ麹……大さじ1
  - みりん……大さじ1

● 作り方
1. 鍋にAを入れて中火にかけ、アルコール分をとばす。チーズは小さな角切りにする。
2. ボウルにご飯を入れて1、かつお節、Aを加え、まぜ合わせる。おにぎりにする。

甘みと塩みの
ベストバランス

PROCESS

甘じょっぱフレンチトースト

甘麹と塩麹にしっかり漬けてふっくらふわふわ。
甘いのが好きな人は甘麹だけでもOKです。

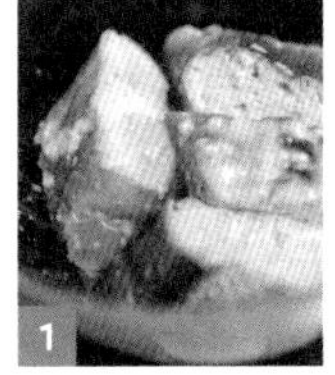

● 材料（2人分）

バゲット……4切れ

A
卵……1個
甘麹……大さじ4
塩麹……小さじ1/2
豆乳……100ml

バター……15g
フルーツ……適量（お好みで）

● 作り方

1. ボウルにバゲットを入れて、Aを加えまぜ合わせて30分ほどおいておく。
2. フライパンにバターを入れて中火にかけ、溶けたら1を入れ、両面に焼き目をつける。
3. お皿に盛り、お好みでフルーツを添える。

塩麹

甘麹

PLUS COLUMN

「まごわやさしいこ」

健康で日々過ごすために、私が心がけていることのひとつに「いろいろな食材を食べる」があります。
よくいわれている「まごわやさしい」を意識して食べると、「いろいろな食材」と言ってもあまり悩むことがありません。
「ま」は、豆。大豆を選ぶときは遺伝子組み換えでないものを選ぶようにしています。
「ご」は、ごま、ナッツ。抗酸化物質が多く、老化や病気を防いでくれます。
「わ」は、わかめなど海藻類。体の機能を整えるミネラルや腸活にぴったりな食物繊維が豊富です。
「や」は、野菜。野菜の中でも、緑黄色野菜は免疫力アップにもってこい。
「さ」は、魚介類。青魚に良質な脂質、たんぱく質が多く、栄養バランスもいい。
「し」は、しいたけ。きのこ類。ビタミンやミネラル、食物繊維の宝庫です。
「い」は、いも。いもに含まれるビタミンは加熱しても壊れにくい。
そして、「こ」。無敵の発酵食品をプラスしています。

食材別さくいん

おわりに

からだにやさしいごはんを

学生時代にリンパ系の病気に罹ってから、毎日の食事を大切にするようになり、バランスよく栄養をとる、からだに必要のないものなるべくとらないことをしていくうちに、体調が整うようになりました。

体調が整ったのには、腸内環境が変わったことが大きいと思います。いわゆる"腸活"をしているときに、腸にいいといわれるサプリやドリンクなどを飲んだりもしていたのですが、からだにいいものであっても毎日何かを足すということが難しく、また「しなくてはならない」にとらわれて長続きせず、心までは元気になりませんでした。

そんなときに出合ったのが麹調味料です。毎日のごはん作りに麹調味料を使うだけなので、私のライフスタイルにピッタリハマり、無理せず続けることができました。

おいしいごはんを自分で作れるということが心の栄養にもなったのか、ストレスも減り心も穏やかになれました。そして、一緒にごはんを食べる夫の体調もよい！　のです。

今では、麹はなくてはならないものになっています。毎日のごはんが簡単にできておいしいうえに、健康でいられます。

この本を読んで、麹を取り入れて食生活が変わるきっかけとなれたなら、こんなに嬉しいことはありません。

心と体が健康でありますようにと願っています。

2024年2月

阿部かなこ

阿部かなこ（あべかなこ）

麹料理研究家。麹叶（KIKUKA）サロン主宰。「麹のある暮らし」をテーマに、万能に使える麹調味料や、麹を使ったオリジナルレシピ、麹の効能、心と体にやさしい食生活を発信。モットーは、「人にも環境にもよい暮らしを『楽しく』」。著書に『体の内側からきれいになる 麹のレシピ』（KADOKAWA）がある。
インスタグラム 麹のある暮らし @mutenkanako

からだにやさしい麹（こうじ）こんだて

2024年4月1日　第1刷発行

著者　阿部（あべ）かなこ
発行者　佐藤 靖
発行所　大和（だいわ）書房
〒112-0014
東京都文京区関口1-33-4
電話 03-3203-4511
本文印刷　シナノ印刷
カバー印刷　歩プロセス
製本　ナショナル製本

ISBN 978-4-479-92170-7
乱丁・落丁本はお取替えいたします
http://www.daiwashobo.co.jp

デザイン　山田知子 + chichols
撮影　濱津和貴
スタイリング　和田麻紀子
校　正　メイ
DTP　スズキフサコ
EDITEX
撮影協力　COLT
HACHIJU-ICHI